4~7세
아이가
반한

엄마
밥상

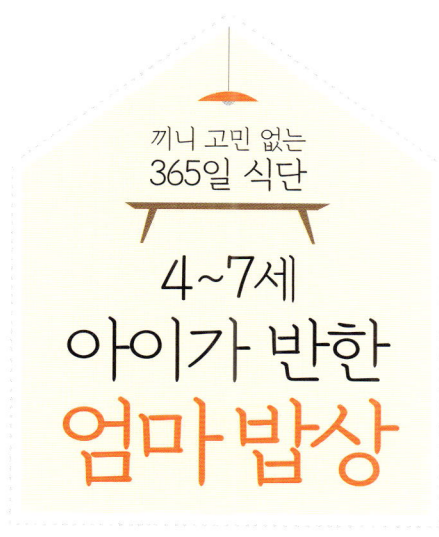

끼니 고민 없는
365일 식단

4~7세 아이가 반한 엄마밥상

모모맘 정현미 지음

들어가며

태어나서부터 작았던 우리 아들 인우가 벌써 일곱 살이 되었네요. 늘 작고 말랐을 뿐 아니라 입이 짧아서 아이 입맛에 맞는 요리를 개발하며 애썼던 일이 엊그제 같아요. 이제는 또래 아이들 사이에서 큰 편에 속하는 걸 보면 그동안의 제 노력이 헛되지 않았다는 생각에 뿌듯한 마음이 들더라고요.

두 아이를 키우면서 긴 시간 동안 유아식을 만드는 게 쉽지만은 않았어요. 편식하지 않게 입맛에 맞는 레시피를 찾아야 했고요, 끼니마다 3첩 밥상을 차려주는 일이 버겁기도 했어요.

제 블로그에 방문해 주시는 이웃님들은 우리 아이들이 늘 잘 먹고 사는 줄 아세요. 매일매일 새로운 반찬을 하긴 참 힘들어요. 하지만 항상 저는 '나는 엄마다'라는 생각을 잊지 않아요. 소중한 내 새끼 입에 들어가는 밥, 그리고 성장과 식성을 결정짓는 이 시기에 뭘 먹이느냐가 중요한지 누구보다 잘 알고 있으니까요….

첫 책을 쓰고 나서 3년이 훌쩍 지나고 또다시 이렇게 책을 쓰게 될 줄은 상상도 못했어요. 이 책에는 1년 52주 제철 밥상을 담았습니다. 모두들 끼니마다 구색을 맞추는 일이 어려우시죠? 제철 재료와 아이가 좋아하는 단골 재료를 적절히 섞어서 식단을 짰고 조리방법도 다양하게 신경 썼습니다.

향이 강한 나물은 밥과 뭉쳐 주먹밥을 만드는 꾀를 발휘했고 소고기를 잘 먹지 않는 우리 딸 윤서에게는 소고기와 제철 채소를 튀겨서 줬더니 잘 먹더군요. 전복도 어묵과 함께 볶아서 주면 오징어인마냥 야금야금 잘 씹어 먹더라고요. 그렇게 늘 먹던 재료에 새로운 재료를 살짝 넣어서 거부감을 조금이나마 없게 만들어 줬죠.

또한 이제 어른과 별 차이 없이 식사를 할 수 있도록 밥상머리 전략을 새로 세웠어요. 맑은 국은 고춧가루 대신 김치국물을 넣어 매운맛을 가미해주고 생채 요리에는 마늘즙을 넣어 향만 낸다든지 말이에요. 밥 잘 먹고 튼튼한 아이로 키울 수 있다는 믿음 하나로 이런저런 노력을 하며 오늘도 밥상머리 전쟁을 치루고 있는지 모르겠어요.

책의 반찬 갯수대로 차리기 버거우시다면 한 가지 정도는 제외하고 식사를 차리세요. 이번에는 시판 재료들을 제법 넣었습니다. 제철 재료라서 아이들이 거부감 없이 즐기도록 하기 위해서예요. 바깥 생활을 하게 되면 어쩔 수 없이 먹게 되는 재료들을 집에서 좀 더 안전하게 먹여보자고요.

제가 직접 저희 아이들에게 먹여보고 짠 레시피를 펼쳐냈습니다. 이 책의 레시피를 보며 집집마다 아이 식성에 따라 변형하시며 우리 집 밥상을 완성해 나가세요. 지금부터 꼭 먹여야 할 제철 밥상을 공개합니다.

모모맘 정현미

목차

들어가며 6

모모맘의 건강하게 맛내는 법 16
우리 집 부엌에 꼭 갖춰야 할 양념 20
밥상 차릴 때, 엄마의 배려 24
나가며 450

봄

1주 30
바지락살당근밥
김치황태달걀국
양배추고추장떡
파래무생채
새우시금치볶음

2주 40
흑미밥
굴두부국
꼬마돈가스
냉이사과된장무침
청포묵무침

3주 48
차조밥
건새우콩나물국
연어오렌지샐러드
오징어채소볶음
도라지어묵전

4주 58
흰쌀밥
주꾸미무국
참치브로콜리전
양파닭구이
오이단호박샐러드

5주 66
닭다리살콩나물비빔면
연근돼지고기전
들깨버섯볶음
콜라비피클

6주   74
봄나물밥
톳두부조림
우엉어묵잡채

7주   82
흰쌀밥
쑥꽁치김치찌개
백김치
미나리햄전
유채나물무침

8주   92
흰쌀밥
봄동모시조개국
고사리두부전
목살양상추샐러드
매콤뱅어포구이

9주   100
취나물멸치주먹밥
봄나물고로케
새우고구마카레찜
꼬막무침

10주   108
보리쌀밥
취나물된장국
양배추굴소스볶음
쥐포채볶음
파프리카깍두기

11주   116
주꾸미달래밥
냉이소고기국
파프리카김치
새송이버섯달걀볶음
바지락살시금치무침

12주   128
밤콩밥
오징어국
호두김조림
어묵콩나물냉채
마늘종감자새우볶음

13주   138
흰쌀밥
닭곰탕
마늘종햄파프리카볶음
미역줄기초무침
파프리카깍두기

여름

1주   146
흰쌀밥
오이지냉국
오이참외생채
사태메추리알장조림
김치떡잡채

2주   152
흰쌀밥
새우순두부국
소시지배추찜
삼치씨겨자마요구이
토마토마리네이드

3주   160
완두콩밥
샤부샤부과일냉채
새우가스
김치참치찌개
가지찜무침

4주   168
흰쌀밥
소고기무국
고구마브로콜리전
전복어묵볶음
명란애호박달걀찜

5주   176
전복죽
갈치카레구이
숙주단무지 무침
매운감자조림

6주   184
비트수제비
옥수수전
연어숙주무침
파프리카김치

7주   190
흰쌀밥
근대소고기국
메추리알코브샐러드
깻잎멸치찜
어묵곤약조림

8주   196
율무쌀밥
콩나물냉국
갈치무조림
진미마요こ장볶음
전복초

9주 204
흰쌀밥
감자양파국
토마토베이컨달걀볶음
오이크래미샐러드
된장주물럭

10주 212
캐슈넛국수
수박고구마샐러드
황태고추장조림
파프리카깍두기

11주 218
현미밥
파인애플망고샐러드
가지냉국
브로콜리조갯살무침
마늘종멸치고추장볶음

12주 226
깻잎참치쌈밥
칠리소스닭꼬치
오이냉국
두부버섯샐러드

13주 234
채소카레밥
아욱건새우된장국
콩나물무침
당근배추참치샐러드
물오징어조림

가을

1주 244

고구마밥
애호박새우국
파소스고등어강정
고추참치버무리
숙주버섯볶음

2주 254

스테이크크림파스타
단호박토르티야
유자드레싱과일샐러드
갈릭러스크

3주 262

콩나물무밥
우엉피망잡채
소시지만두전골
굴카레전
감자곤약조림

4주 270

흰쌀밥
해물순두부국
돼지고기완자구이
무생채
배추새우볶음

5주 278

비엔나채스덮밥
사과닭고기샐러드
감자당근볶음
파프리카깍두기

6주 286

흰쌀밥
얼큰소고기무국
생선탕수
바지락볶음
파프리카김치

7주 294

흰쌀밥
단배추버섯달걀국
무말랭이멸치조림
소고기애호박볶음
버섯무들깨볶음

8주 300

마파두부덮밥
애호박소고기전
오이달걀샐러드
백김치

9주   306
밤밥
미역줄기볶음
홍합감자국
관자파인애플샐러드
꼬막표고버섯간장조림

10주   316
녹두밥
삼치단호박조림
닭개장
홍합치즈구이
오이소고기버섯볶음

11주   324
만두볶음밥
연어시금치무침
콜리플라워마요샐러드
연근조림

12주   332
흰쌀밥
돼지고기비지찌개
어묵치킨볼
우엉조림
단호박햄볶음

13주   340
흰쌀밥
어묵김치국
오징어파프리카볶음
간장치킨윙
무두부조림

겨울

1주   350

흰쌀밥
두부황태국
잣소스닭가슴살무침
칠리새우구이
홍합부추전

2주   358

검정콩밥
건새우볶음
꽃게탕
주꾸미제육볶음
쑥갓달걀달이

3주   368

찹쌀밥
동태국
우엉오이샐러드
낙지미역초무침
소고기두부섭산적

4주   376

날치알볶음밥
진미오징어고추장볶음
단호박간장조림
콜라비키위샐러드

5주   384

감자어묵덮밥
마늘종간장조림
오이지무침
달래달걀찜

6주   392

흰쌀밥
모시조개콩나물국
봄동닭다리살볶음
숙주오이잡채
목이버섯샐러드

7주   398

구운주먹밥
데리야키삼겹살구이
깍두기낙지볶음
슬라이스감자전

8주   406

흰쌀밥
낙지팽이버섯국
감자불고기
단배추된장무침
파프리카김치

9주 412
기장밥
바지락미역국
미트볼조림
볶음김치오이무침
백김치

10주 420
오징어밥전
닭강정
호두멸치조림
느타리버섯어묵볶음

11주 428
명란깍두기볶음밥
어묵마국
북어보푸라기
문어미역줄기초무침

12주 436
해물볶음우동
고구마대파볶음
치킨샐러드
오이생채

13주 444
흰밥
새우두부카레국
달래딸기샐러드
유자소스불고기
파프리카깍두기

하나. 이 책의 모든 요리는 2~3인분입니다. 한 가지 음식을 오래 먹지 않는 아이를 위해 대부분 한두 끼 내에 먹을 수 있는 분량으로 요리했어요. 단 일품 요리는 아이와 엄마가 함께 먹을 수 있도록 여유 있게 만들었어요.

두울. 재료의 분량은 계량컵과 계량스푼으로 쟀습니다. 계량컵의 1컵은 200㎖입니다. 계량스푼은 1큰술은 15㎖, 1작은술은 5㎖입니다. 채소를 데치거나 볶을 때 넣는 최소한의 소금 양은 엄지손가락과 검지로 꼬집는 꼬집으로 표기했습니다.

세엣. 음식 맛은 손맛이라고 하지만 요리를 하다 보면 정확한 레시피를 지키는 것이 얼마나 중요한지 알게 됩니다. 음식의 간은 아이 식성에 맞게 조절하되 레시피에 제시된 불세기와 조리 시간은 꼭 지켜 주세요.

모모맘의 건강하게 맛내는 법

소중한 내 아이를 위한 밥상을 차릴 때 엄마의 정성만큼 좋은 식재료를 고르는 것이 중요합니다. 제철 식재료의 맛을 살리는 비법은 역시 맛국물과 재료 고유의 맛을 끌어내는 양념입니다. 제가 끼니마다 곁에 두고 도움을 받는 재료들을 소개할게요.

멸치육수

잘 우린 육수 하나만으로도 영양과 맛을 동시에 챙길 수 있어요. 아이 밥상의 기본 중의 기본인 멸치육수입니다. 소고기나 닭고기보다 깔끔하고 깊은 맛을 냅니다. 많은 양을 만들어 두면 편하지만 그때그때 만들어 신선하게 요리해야 좋습니다.

재료 멸치 25g, 홍새우·다시마 15g씩, 물 2ℓ

1. 멸치는 마른 팬에 살짝 볶아 주세요.
2. 다시마는 젖은 면포로 표면의 하얀 가루를 살포시 닦으세요.
3. 냄비에 물과 멸치, 홍새우, 다시마를 넣고 강불에서 끓이세요.
4. 끓어오르면 5분 뒤 다시마를 건지세요. 중약불로 줄여서 보글보글한 상태로 10분간 더 끓여 주세요.
5. 건더기는 체에 거르고 육수는 식혀 냉장보관하세요. 2~3일간 보관할 수 있어요.

생강술

고기나 해물 요리의 비린내를 잡아주는 생강술입니다. 아이들에겐 혹여 향이 강할까 봐 생강의 양을 약간 줄였어요. 술은 열에 의해 날아가므로 비린내가 강한 생선요리를 하실 때 활용해 보세요.

재료 생강 25g, 청주 50㎖

1. 생강은 깨끗이 씻어 껍질을 벗겨요. 믹서에 생강과 청주를 넣고 갈아주세요.
2. 체에 밭쳐 건더기는 버리고 생강술은 밀폐용기에 담아 냉장고에 넣어요. 냉장보관하면 3개월 이상 사용할 수 있습니다.

부침 페이스트

부침이나 전은 아이에게 즐겨 해주는 메뉴이지요. 첨가물 걱정 없이 집에서 만드는 홈메이드 부침 반죽이에요. 물을 몇 큰술 넣어 주느냐에 따라 농도가 달라져요. 시판 부침가루를 사용할 때는 부침가루 6큰술과 물 4큰술을 섞으면 다음 레시피와 같은 농도가 됩니다. 취향에 따라 물의 양은 가감하세요.

재료 달걀 25g, 밀가루 5큰술, 양파즙 1과 1/2큰술, 찹쌀가루 1큰술, 설탕 2작은술, 국간장·다진 마늘 1작은술씩

1. 볼에 달걀을 제외한 모든 재료를 넣고 섞어요.
2. ①에 달걀을 풀어 넣고 섞은 뒤 농도에 따라 물을 2~4큰술 넣어 고루 저으세요.

우리 집
부엌에 꼭 갖춰야 할
양 념

이유식할 때처럼 사사건건 신경 쓰지는 않더라도 아이의 밥상을 차릴 때는 엄마의 특급 배려가 필요합니다. 보다 안전하고 건강하고 맛있는 식사를 위해서는 요리의 기본이 되는 양념이 중요하지요. 아이 밥 만들 때 큰 도움을 주는 밑장 재료를 정리했어요.

된장
콩으로 메주를 띄워 발효시킨 우리나라 전통 식품 된장입니다. 각종 나물무침, 찌개 요리에 쓰입니다. 아이 요리에는 소금 대신 된장을 소량 넣어 간을 해도 좋습니다.

천일염
요리의 맛을 좌우하는 소금은 잘 골라야 해요. 첨가물이 들어가지 않은 천일염은 좀 더 깊고 깔끔한 요리를 완성해주죠.

국간장
흔히 조선간장으로 부르는 국간장입니다. 국, 찌개, 탕 등 국물 요리의 간을 맞출 때 사용합니다. 아이 요리는 짜지 않게 조리하세요. 국간장 양을 줄이고 소금과 함께 넣어요.

어간장
새끼 고등어와 전갱이로 간장을 담근 제주도 전통 어간장입니다. 국이나 무침 요리에 사용하면 깊은 맛이 나요.

아가베시럽
선인장에서 추출한 천연당으로, 요즘 인기를 끌고 있어요. 섬유질과 각종 영양소를 정제한 설탕과 달리 아가베시럽에는 과당과 폴라보노이드 등의 성분이 풍부해요. 아가베시럽이 없다면 꿀이나 메이플시럽을 사용해도 좋아요.

유기농간장
유기농 대두를 6개월간 발효 숙성시켜 만든 양조간장이에요. 각종 생채나 무침은 물론 볶음이나 조림에도 사용합니다.

들기름·참기름
참기름은 나물이나 무침 등 각종 요리에 두루 사용합니다. 향이 강하기 때문에 마지막에 넣어 조리하고 어둡고 서늘한 곳에 보관합니다. 들기름은 참기름에 비해 산화가 빠르지만 맛과 향이 깊어요. 두부를 굽거나 나물을 볶고 무칠 때 자주 활용합니다.

포도씨유
포도씨를 추출해 만든 기름입니다. 일반 식용유보다 발연점이 높아 안정적이기 때문에 튀김에 잘 어울리며, 각종 볶음, 드레싱, 소스에도 많이 쓰입니다.

레몬즙
생선의 비린내를 없애는 데 탁월한 레몬즙이에요. 샐러드 드레싱이나 각종 소스를 만들 때 약방의 감초처럼 씁니다. 그때그때 생 레몬을 짜서 사용하기 번거로워 시판 레몬즙을 활용했습니다.

올리고당
포도당과 과당을 결합시켜 만들어 단맛을 냅니다. 설탕 대용으로 사용하지만 오랫동안 가열하면 단맛이 없어지므로 높은 온도의 요리에는 적합하지 않아요. 조림 등을 할 때는 요리 완성 전 올리고당을 넣어 단맛과 윤기를 내주세요.

사과 식초
사과를 원료로 만든 식초로 산도가 높지 않아 아이 요리에 잘 어울려요. 책에 소개한 요리는 전부 사과 식초로 만들었습니다. 유기농 식초를 사용할 경우 맛이 달라질 수 있습니다.

청주
고기, 생선 등의 잡냄새를 잡아주는 청주입니다. 아이 요리서 단맛을 내는 미림은 제외하고 청주를 사용했습니다. 밀봉하여 실온에 보관하세요.

굴소스
신선한 생굴에 소금을 넣어 발효시킨 향신료로 음식의 풍미를 더해줍니다. 간장보다 향과 짠맛이 강하므로 소량만 사용하세요.

씨겨자
겨자씨를 거칠게 부숴 식초, 향신료를 첨가해 만든 것으로 홀그레인머스터드라고도 불러요. 알갱이가 살아있어 드레싱이나 고기와 생선 요리에 상쾌한 향을 더해줍니다.

밥상 차릴 때, 엄마의 배려

이제 엄마, 아빠와 식탁에 앉아 다정히 밥을 먹을 수 있을 만큼 우리 아이가 성장했지요? 하지만 아직 어른처럼 가리는 것 없이, 식사를 하기 위해서는 좀 더 엄마의 노력이 필요해요. 오물오물 잘 씹어 넘기도록 재료는 짧게 손질하고 서서히 맵고 짠맛에 익숙해지도록 신경 써 주세요.

01
채소는 4㎝ 길이로 썬다

맵고 짠 음식을 제외하고는 어르신과 별반 다르지 않은 식사를 하는 아이들입니다. 하지만 더 쉽게 밥을 먹을 수 있도록 식재료 손질에도 배려가 필요해요. 샐러드, 볶음 등에 사용하는 채소와 해조류는 되도록 4㎝ 길이로 썰어 주세요. 4㎝는 아이가 힘들이지 않고 입에 쏙 넣을 수 있는 적당한 길이입니다.

02
같은 크기로 깍둑 썬다

감자, 당근, 애호박 등의 단골 채소는 국, 볶음, 조림에 따라 써는 방법이 다양해요. 단단한 채소들은 아이가 잘 씹어 먹을 수 있도록 사방 1㎝ 크기로 깍둑 썰어 주세요. 모양을 살려 반달 써는 것보다는 깍둑 썰거나 은행잎 모양으로 써는 게 좋습니다.

03
잎채소는 잎만 사용한다

곰취, 유채나물, 동초 등 제철 잎채소는 보약과 다를 바가 없어요. 하지만 특유의 진한 향 때문에 아이들이 거부하는 일이 많지요. 강한 색상과 컬러를 싫어하는 아이 때문에 엄마들은 감춰서 요리하지만 아이들은 생각보다 식감에도 민감합니다. 저는 잎채소의 억센 줄기는 제외하고 부드러운 잎만 사용해요. 질기지 않고 부드러워 씹기 좋아요.

04
생선살은 가시를 제거한다
아이 밥상에 빠지지 않고 생선구이를 올리시죠? 연어, 고등어, 삼치 등의 생선은 보통 손질된 것을 구입하는데 잔가시가 있을 수 있으니 꼭 손으로 주물러 확인하세요. 살 속에 박힌 가시는 핀셋으로 빼 주세요.

05
고추장과 토마토케첩을 섞는다
아이에게 매운맛을 조금씩 알려 줘야 하는 시기이므로 소량의 고추장과 고춧가루를 넣은 요리를 자주 해 먹이려고 해요. 고추장은 짠맛과 매운맛이 강하므로 토마토케첩과 1:3 비율로 섞으면 거부하지 않고 잘 먹어요. 국 요리에는 고춧가루 대신 김치국물을 넣어 간을 해도 됩니다.

06
양파즙을 사용한다
저는 부침 반죽이나 고기 양념을 할 때 양파즙을 자주 사용해요. 고기에 넣으면 육질이 부드러워질 뿐 아니라 단맛이 더해져 맛있어요. 양파는 강판에 갈아 즙과 건더기를 같이 사용하면 됩니다.

07
마늘즙으로 향을 낸다

각종 무침과 생채요리에 마늘은 중요한 향신료 역할을 하지요. 아이에겐 매울 수 있으므로 저는 즙만 넣어 향을 냅니다. 다진 마늘을 체에 받치고 그 위에 식초를 부어 즙만 걸러 요리에 넣어 보세요. 즉석 마늘 식초는 음식의 풍미를 살려줍니다.

08
어묵과 소시지는 한 번 데친다

아이가 바깥 생활을 하게 되면 자연스럽게 소시지, 햄, 어묵 등의 시판 재료를 먹게 되지요. 끓는 물에 살짝 데쳐 첨가물이나 짠맛을 없앤 뒤 요리하면 걱정 없이 먹일 수 있어요. 무조건 안 먹이는 것보다 건강하게 조리하도록 신경 쓰세요.

09
조갯살은 물에 헹구지 않는다

바지락살이나 새우살 등의 해산물은 특유의 비린내가 나서 아이들이 꺼릴 수 있어요. 물로 씻어 청주로 밑간하거나 청주를 1큰술 정도 넣어 데치세요. 데친 후 물로 헹구면 맛이 다 빠져나가므로 체에 받쳐 그대로 식히세요.

봄
spring

봄 1주

바지락살당근밥 + 김치황태달걀국 + 양배추고추장떡 + 파래무생채 + 새우시금치볶음

봄 1주

쫄깃한 바지락살과 시력에 좋은 당근으로 봄철에 딱 맞는 밥을 만들었어요. 아이가 당근을 싫어하면 작게 썰어 주세요. 간장양념장을 넣어 슥슥 비벼먹어도 맛있어요.

바지락살당근밥

재료

- 바지락살 80g
- 당근 35g
- 청주 1큰술
- 쌀 1컵(180g)
- 쌀뜨물 270㎖

이렇게 만들어요

1. 쌀은 3번 씻어 쌀이 잠기도록 물을 넉넉히 붓고 30분간 불려요.
2. 볼에 바지락살을 담고 청주를 넣어 잠시 재운 뒤, 옅은 소금물에 헹궈 물기를 제거해요.
3. 당근은 껍질을 벗기고 사방 0.5cm 크기로 깍둑 썰어요.
4. 불린 쌀은 체에 밭치고 거른 쌀뜨물을 계량해 냄비에 붓고 쌀을 넣은 뒤 강불에서 끓여요.
5. 쌀이 끓어오르면 뚜껑을 열고 바지락살과 당근을 넣고 숟가락으로 휘휘 저은 뒤, 약약불로 줄여 10분간 끓여요. 불을 끄고 5분간 뜸들인 후 드세요.

알아두세요
- 쌀을 불린 물은 영양분이 그대로 담겨 있어요. 쌀뜨물은 버리지 말고 밥 지을 때 쓰세요.

황태달걀국은 맛이 부드러워 아이들이 참 좋아하죠. 그냥 먹어도 좋지만 가끔은 김치를 넣어 칼칼하게 끓여도 맛있어요. 물론 살짝 신김치가 더더욱 맛있지요.

김치황태달걀국

재료
- 신김치 130g
- 황태채 17g
- 달걀 1개
- 멸치육수 3컵
- 파 15g
- 김치국물 1큰술
- 참기름·국간장 2작은술씩
- 소금 1/4작은술

이렇게 만들어요

1. 김치는 속을 털고 씻어 물기를 짠 뒤 먹기 좋게 썰어요. 파는 송송 썰어 주세요.
2. 황태채는 물을 뿌려 촉촉하게 하고 볼에 달걀을 풀어요.
3. 냄비에 참기름 1작은술을 두르고 김치를 넣어 달달 볶아요.
4. 볶은 김치는 한쪽에 몰고 다시 참기름 1작은술과 황태채를 넣고 달달 볶은 뒤, 김치랑 섞으세요.
5. 멸치육수와 김치국물을 붓고 뚜껑을 덮어 강불에서 끓여주세요. 끓어오르면 약불로 바꿔 5분간 끓이세요.
6. 국간장, 소금으로 간한 뒤 달걀물을 조금씩 부어 숟가락으로 저어가며 익히세요. 파를 넣고 한소끔 끓여요.

알아두세요
- 김치와 황태채를 참기름에 볶을 때는 약불에서 볶아야 타지 않아요.
- 뚜껑을 덮고 약불에서 뭉근히 끓여야 뽀얀 국물이 우러나와 시원해요.

봄 1주

고추장을 잘 먹지 않는 아이가 많죠? 아직도 아이가 빨간 것만 보면 질색한다고 계속 피하면 더더욱 안 먹게 되는 것 같아요. 고추장을 넣은 장떡이 얼마나 맛있는지 알려 주세요.

양배추고추장떡

| 재료 | · 양배추·양파 70g씩
· 깻잎 10g
· 포도씨유 적당량 | |
|---|---|---|
| 반죽 | · 밀가루·물 8큰술씩
· 고추장 2작은술 | · 된장 1작은술
· 소금 1/2작은술 |

 이렇게 만들어요

1 양배추, 양파, 깻잎은 씻어 작게 다져요.

2 볼에 밀가루, 물, 소금을 넣고 섞은 뒤 고추장과 된장을 넣고 섞으세요.

3 반죽에 다진 채소를 넣고 고루 섞으세요.

4 달군 프라이팬에 포도씨유를 두르고 숟가락으로 반죽을 떠서 앞뒤로 뒤집어 가며 노릇하게 부치세요.

알아두세요

· 아이가 어리다면 고추장은 1작은술만 넣어 주세요.
· 부침개를 만들 때는 팬에 기름을 넉넉하게 둘러야 뒤집기 쉽고 고소해요.

아이마다 식성이 천차만별이에요. 저희 집 아이들은 어찌된 일인지 해조류를 좋아해요.
파래무생채는 만드는 족족 부리나케 동이 나는 인기 메뉴입니다. 새콤달콤해 고춧가루는 빼도 상관없어요.

파래무생채

봄
1주

재료
- 파래 160g
- 무 100g
- 소금 약간

단촛물
- 식초 2큰술
- 설탕 1큰술
- 소금 1/4작은술

양념
- 식초 3큰술
- 설탕·꿀·물·다진 파 1큰술씩
- 고춧가루·참기름 1작은술씩

알아두세요
- 아이가 파래 특유의 향을 싫어한다면 끓는 물에 소금을 약간 넣고 데쳐 조리하세요.

이렇게 만들어요

1. 무는 0.3cm 폭으로 채 썰어 주세요. 볼에 채 썬 무를 담고 단촛물 재료를 넣고 10분간 절여 물기를 꼭 짜세요.
2. 볼에 분량의 양념 재료를 넣고 미리 섞으세요.
3. 파래는 소금을 뿌려 바락바락 주무른 뒤 흐르는 물에 씻어 물기를 꼭 짜세요.
4. 볼에 씻은 파래를 담고 절인 무를 넣은 뒤 양념을 부어 조물조물 무쳐요.

파릇파릇 단달한 시금치가 얼마나 맛있는지 아이들은 잘 모르더라고요. 단맛이 강한 포항초나 섬초를 아이가 좋아하는 새우와 함께 볶았더니 잘 먹더군요. 싫어하는 재료를 먹이고 싶을 때는 조금 색다른 도전을 해보세요.

새우시금치볶음

재료
- 새우 6마리(새우살 120g)
- 시금치 150g
- 버터 20g
- 다진 양파 1과 1/2큰술
- 다진 마늘 1과 1/2작은술

양념
- 청주 1큰술
- 간장·설탕 2작은술씩
- 고추장 1작은술

알아두세요
- 버터를 넣고 채소를 볶으면 쉽게 타므로 꼭 약불에 볶아요.

이렇게 만들어요

1. 새우는 머리와 껍질을 벗기세요. 등에 칼집을 내 내장을 뺀 뒤 씻어 물기를 제거하세요.
2. 볼에 분량의 양념 재료를 넣고 섞으세요. 시금치는 밑동을 자르고 깨끗이 씻어 물기를 털어 주세요.
3. 약불로 달군 프라이팬에 버터와 다진 마늘, 다진 양파를 넣고 볶으세요.
4. 마늘 향이 나면 새우를 넣고 볶다가 반쯤 익으면 시금치를 넣고 강불에서 볶아요.
5. 시금치의 숨이 죽으면 양념을 넣고 빠르게 버무리면서 볶으세요.

봄 2주

흑미밥 + 굴두부국 + 꼬마돈가스 + 냉이사과된장무침 + 청포묵무침

씹을수록 구수한 흑미로 밥을 지었어요. 흑미에는 안토시아닌 색소가 풍부해 항산화 기능이 있어요.
찹쌀처럼 찰기가 있어 맛있으므로 흰밥이 지겨울 때 종종 활용해 보세요.

흑미밥

봄 2주

재료

- 흑미 25g
- 쌀 1컵(180g)
- 쌀뜨물 270㎖

알아두세요
- 흑미밥을 지을 때는 물을 조금 적게 넣어도 되어요.

이렇게 만들어요

1. 흑미는 씻어 1~2시간 불려 주세요.
2. 쌀은 물에 3번 씻은 후, 쌀이 잠기도록 물을 넉넉히 부어 30분간 불려요.
3. 불린 쌀은 체에 밭치고 거른 쌀뜨물을 계량해 냄비에 불린 쌀과 함께 넣어요.
4. 뚜껑을 덮고 강불에서 끓이다 끓어오르면 약약불로 바꿔 15분간 끓이세요. 불을 끄고 5분간 뜸을 들여요.

굴국을 끓일 때는 알이 굵은 양식 굴보다 크기가 작은 자연산이 좋아요. 굴이 클 경우에는 아이가 거부감을 느끼지 않도록 썰어서 조리하세요. 가끔은 담백한 굴국에 달걀을 풀어 넣어도 맛있습니다.

굴두부국

봄 2주

재료

- 굴 220g
- 두부 120g
- 무 100g
- 멸치육수 3과 1/2컵
- 어간장 2작은술

알아두세요

- 굴은 너무 익지 않도록 마지막에 넣고 한소끔만 끓이세요.

이렇게 만들어요

1 굴은 소금물에 2번 씻은 뒤, 체에 밭쳐 물기를 제거하세요.
2 두부는 사방 1.5cm 크기로 깍둑 썰고 무는 먹기 좋게 나박 썰어요.
3 냄비에 멸치육수와 무를 넣고 끓여요. 육수가 끓어오르면 어간장과 두부를 넣으세요.
4 굴을 넣고 한소끔 끓인 뒤 불을 끄세요.

아이들에게 인기 만점 꼬마돈가스예요. 그동안 사먹기만 했다면 이제 좋은 돼지고기 등심을 이용해 집에서 맛있게 만들어 보세요.

꼬마돈가스

재료
- 돼지고기(등심 다짐육) 300g
- 양파 75g
- 당근 50g
- 달걀 1개
- 빵가루 40g
- 밀가루 30g
- 다진 파 1큰술
- 소금 1꼬집
- 포도씨유 적당량

고기 밑간
- 생강술 1큰술
- 오레가노가루 1작은술
- 소금 1/2작은술
- 넛맥가루·후춧가루 약간씩

이렇게 만들어요

1. 돼지고기는 키친타월로 꾹꾹 눌러 핏물을 제거해요. 밑간 재료를 넣고 조물조물해 20분간 재우세요.
2. 양파, 당근은 작게 다진 뒤 달군 프라이팬에 포도씨유를 두르고 소금을 뿌려 볶아 식히세요.
3. 볼에 돼지고기와 볶은 채소, 다진 파를 모두 넣고 치대요.
4. 끈기가 생길 때까지 치댄 뒤 20g씩 떼어 둥글납작하게 빚어 주세요.
5. 반죽은 밀가루 → 달걀물 → 빵가루 순으로 입혀 주세요.
6. 달군 프라이팬에 포도씨유를 1cm 높이로 붓고 튀김옷을 입힌 돈가스를 넣어 노릇하게 앞뒤로 구워요.

알아두세요
- 반죽을 치댈 때, 빨래 빨듯 주무르고, 바닥에 던지듯 치대야 해요.
- 반죽이 끈기가 생기면서 손으로 비볐을 때 실처럼 쭉쭉 늘어나면 그만해도 됩니다.

냉이는 생김새부터 독특해 아이에게 먹이기 난감한 봄나물 중 하나예요. 아이 눈에 곱게 보일 리 없는 냉이를 상큼한 사과와 달콤한 크래미를 곁들여 된장에 무쳤어요.

냉이사과된장무침

봄 2주

재료

- 사과 1/2개(115g)
- 냉이 70g
- 크래미 40g
- 소금 약간

양념

- 된장·매실액·참기름 1작은술씩

이렇게 만들어요

1 냉이는 뿌리 부분을 손으로 문질러가며 깨끗이 씻어 주세요.

2 끓는 물에 소금을 넣어 냉이를 살짝 데쳐 찬물에 씻어 물기를 제거하세요. 냉이는 4cm 길이로 썰어 주세요.

3 사과는 껍질을 벗기고 4cm 길이로 채 썰어요. 크래미는 쪽쪽 찢어 주세요.

4 볼에 모든 재료와 분량의 양념을 넣고 무쳐요.

녹두로 만든 청포묵은 단백질과 필수 아미노산이 풍부해 어린이 성장발육에 좋다고 합니다. 청포묵은 소금을 넣고 데쳐야 투명하고 맛도 좋아진답니다. 청포묵은 물기를 잘 제거해야 양념이 겉돌지 않고 잘 배어요.

청포묵무침

봄 2주

1

2

3

4

재료

- 청포묵 200g
- 애호박 50g
- 달걀 1개
- 김 1장
- 소금 2꼬집
- 포도씨유 약간씩

양념

- 참기름 1과 1/2작은술
- 어간장·매실액 1작은술씩

이렇게 만들어요

1 청포묵은 4cm 길이로 채 썰어 끓는 물에 소금을 넣고 데친 후 찬물에 헹궈 물기를 제거하세요.

2 애호박은 4cm 길이로 채 썰어요. 달군 프라이팬에 포도씨유를 두르고 애호박과 소금 1꼬집을 넣고 볶아 그릇에 담아요.

3 달군 프라이팬에 포도씨유를 살짝 두르고 소금 1꼬집을 넣은 달걀물을 부어 약불에서 지단을 부쳐요. 구운 지단은 얇게 채 썰어요.

4 볼에 청포묵과 애호박, 분량의 양념을 넣고 조물조물 무치세요. 채 썬 지단과 김을 얇게 잘라 가볍게 섞으세요.

봄 3주

차조밥 + 건새우콩나물국 + 연어오렌지샐러드 + 오징어채소볶음 + 도라지어묵전

봄
3주

매일 먹는 흰밥이 질릴 때 차조를 넣어 밥을 지어 보세요. 노란색이 식욕을 자극하는 한편 무기질도 풍부한 차조밥입니다.

차조밥

재료
- 차조 25g
- 쌀 1컵(180g)
- 쌀뜨물 270㎖

 이렇게 만들어요

1. 쌀은 물에 3번 씻은 후, 쌀이 잠기도록 물을 넉넉히 붓고 30분간 불리세요. 불린 쌀은 체에 밭치고 거른 쌀뜨물을 계량하세요.
2. 차조는 깨끗이 씻어서 준비하세요.
3. 냄비에 쌀과 차조를 함께 넣고 쌀뜨물을 부어 강불에서 끓여 주세요. 쌀이 끓어오르면 중약불로 바꿔 15분간 끓인 뒤 불을 끄고 10분간 뜸을 들이세요.

알아두세요
- 밥을 고슬고슬하게 짓고 싶을 때는 물의 양을 10g 정도 줄여 보세요.
- 불을 끄기 전에 강불로 올려 밥 안의 수분을 잠시 날려주어도 좋아요.

아이들이 좋아하는 콩나물국에 건새우를 넣어 고소하고 깊은 맛을 냈어요.
건새우를 먹지 않더라도 그 맛과 영양이 국물에 고스란히 배어 더 감칠맛이 난답니다.

건새우콩나물국

봄 3주

🍚 재료

- 콩나물 100g
- 건새우·파 15g씩
- 멸치육수 4컵
- 소금 1작은술

📖 알아두세요

- 홍새우로 육수를 내면 국물은 시원하지만 뾰족한 수염에 찔릴 수 있어요. 머리를 제거한 건새우를 사용하세요.

이렇게 만들어요

1 콩나물은 깨끗이 씻어 물기를 제거하고 파는 쫑쫑 썰어 주세요.
2 냄비에 멸치육수를 붓고 건새우를 넣고 끓여 주세요.
3 끓어오르면 콩나물을 넣고 강불에서 끓이세요.
4 콩나물이 익으면 소금으로 간한 뒤 파를 넣고 불을 끄세요.

입맛 없는 봄날, 상큼한 샐러드가 당길 때가 있지요. 제철 오렌지를 넣은 연어샐러드를 준비해봤어요.
바삭하게 구운 연어와 오렌지 과육이 톡톡 씹혀 참 맛있어요.

연어오렌지샐러드

봄 3주

재료

- 연어 160g
- 오렌지 95g
- 양상추 60g
- 어린잎 30g
- 건크랜베리 15g

연어 밑간
- 청주 1큰술
- 레몬즙 2작은술
- 소금 1/4작은술
- 후춧가루 약간

소스
- 오렌지 95g
- 크림치즈 75g
- 설탕 1큰술
- 소금 1/4작은술
- 후춧가루 약간

알아두세요
- 연어는 구우면 자체에서 기름이 나오니 포도씨유를 따로 두르지 않아도 돼요.

이렇게 만들어요

1. 연어는 껍질을 제거한 뒤 분량의 밑간 재료를 넣고 섞어 30분간 재워요.
2. 오렌지는 과육만 발라내고, 양상추와 어린잎은 얼음물에 씻어 물기를 제거하세요.
3. 오렌지와 분량의 소스 재료는 핸드블렌더로 곱게 갈아 준비하세요.
4. 달군 프라이팬에 밑간한 연어를 노릇하게 앞뒤로 구워 주세요. 식힌 뒤 손으로 먹기 좋게 부숴요.
5. 그릇에 채소를 깐 뒤 구운 연어와 오렌지, 건크랜베리를 얹고 소스를 뿌리세요.

봄
3주

오징어볶음은 누구나 좋아하는 반찬이지요. 맨날 간장을 넣고 볶았다면 이제 고춧가루를 약간 넣어 보세요. 물론 너무 매운 고춧가루는 아직 무리고요. 버터로 볶아서 매운맛도 잡아주고 고소한 맛도 보태주어요.

오징어채소볶음

재료	• 오징어 1마리(225g) • 애호박 60g • 양파 50g • 당근 25g	• 포도씨유 1큰술 • 버터 10g • 소금 2꼬집
양념	• 고춧가루·설탕·청주 1큰술씩 • 간장 2작은술	• 고추장·생강술·다진 마늘 1작은술씩 • 후춧가루 약간

이렇게 만들어요

1. 분량의 양념 재료를 섞어 하루 정도 숙성시키세요.
2. 오징어는 내장을 제거하고 껍질을 벗긴 후, 끓는 물에 살짝 데쳐 4cm 길이로 썰어요.
3. 애호박, 양파, 당근도 4cm 길이로 채 썰어요.
4. 달군 프라이팬에 포도씨유를 두르고 채소와 소금을 넣고 볶아 그릇에 담아 주세요.
5. 같은 프라이팬을 달궈 약불로 낮춘 뒤 버터를 넣고 녹으면 데친 오징어를 넣고 볶아요.
6. ⑤에 양념 2큰술을 넣고 강불에서 볶다가 볶은 채소를 넣고 같이 볶아 마무리해요.

 알아두세요
- 오징어는 비타민 A가 부족해서 당근과 함께 볶으면 영양 균형이 맞춰져요.
- 위의 분량대로 양념장을 만들면 조금 남을 거예요. 양은 입맛에 따라 가감하세요.

쌉싸래한 맛의 도라지를 아이들은 좋아하지 않아요. 그래서 어묵과 함께 전을 부쳐줬더니 맛있게 잘 먹더라고요. 먹이기 힘든 재료는 아이가 좋아하는 재료와 함께 넣어 도전해 보세요.

도라지어묵전

- 도라지(껍질 벗긴 것) 100g
- 어묵 85g
- 피망 25g
- 달걀 1개
- 포도씨유·굵은소금 적당량씩
- 소금 1/4작은술

이렇게 만들어요

1. 도라지는 굵은소금을 뿌리고 바락바락 주물러 흐르는 물에 씻는 과정을 2번 반복하세요.
2. 씻은 도라지는 찬물에 20분간 담가 쓴맛과 짠맛을 빼주세요. 키친타월로 물기를 닦아요.
3. 칼등으로 도라지를 마늘 빻듯이 찧은 뒤 다지듯이 작게 자르세요.
4. 어묵은 뜨거운 물에 데친 후 네모나고 작게 잘라 주세요. 피망도 작게 썰어요.
5. 볼에 도라지, 어묵, 피망을 담고 달걀과 소금을 넣고 섞어요.
6. 달군 프라이팬에 포도씨유를 두르고 숟가락으로 반죽을 떠서 노릇하게 앞뒤로 구워요.

알아두세요
- 생도라지를 샀을 경우, 흐르는 물에 씻은 뒤 정중앙에 길게 칼집을 넣고 옆으로 돌려가며 까으세요.

봄 4주

흰쌀밥 + 주꾸미무국 + 참치브로콜리전 + 양파닭구이 + 오이단호박샐러드

야들야들 살이 부드러운 주꾸미는 아이에게 먹이기 좋아요. 무와 주꾸미를 곁들여 시원한 국을 만들어 주세요.
맑은 국물을 내고 싶을 땐 주꾸미를 살짝 데쳐 넣으면 국물색이 깔끔합니다.

주꾸미무국

봄
4주

재료

- 주꾸미 220g
- 무 100g
- 팽이버섯 50g
- 멸치육수 3과 1/2컵
- 어간장 1작은술
- 소금 1/2작은술
- 밀가루 약간

알아두세요

- 주꾸미는 오래 익히면 질겨지는 건 아시죠? 살짝 익혀 부드럽게 조리해 주세요.
- 싱거울 때는 소금을 추가하세요.

이렇게 만들어요

1. 주꾸미는 머리 쪽에 가위집을 넣어 내장을 꺼내고 가위로 눈을 제거하세요.
2. 손질한 주꾸미는 밀가루를 묻혀 이물질을 훑어낸 후, 씻어서 먹기 좋게 잘라요.
3. 무는 껍질을 벗기고 얇게 나박 썰고 팽이버섯은 씻어 3등분하세요.
4. 냄비에 멸치육수와 무를 넣고 강불에서 끓인 뒤 무가 투명해지면 주꾸미를 넣어 주세요.
5. 주꾸미가 익으면 팽이버섯과 어간장, 소금으로 간하세요.

통조림 참치와 영양이 풍부한 브로콜리로 전을 만들었어요. 브로콜리는 송이보다 줄기에 영양이 더 풍부하다는 거 아시죠?
송이와 줄기를 함께 넣어 전을 부쳤어요. 고운 색과 쫄깃한 맛으로 아이들이 좋아해요.

참치브로콜리전

봄 4주

재료

- 참치(통조림) 1캔(200g)
- 브로콜리 40g
- 파프리카(빨간색) 20g
- 애호박 15g
- 달걀 1과 1/2개
- 전분 2큰술
- 청주 1큰술
- 소금 1/2작은술
- 포도씨유 적당량
- 후춧가루 약간

알아두세요

- 브로콜리는 줄기를 먼저 넣고 그 다음에 송이를 넣고 데쳐야 고르게 익어요.
- 반죽이 질퍽할 때는 전분을 조금 더 넣어 주세요.
- 반죽을 오목하게 떠서 팬에 얹은 뒤 뒤집어 숟가락으로 눌러야 모양이 예뻐요.

이렇게 만들어요

1. 참치는 체에 밭쳐 기름을 뺀 뒤, 흐르는 물에 헹궈 물기를 제거하세요.
2. 브로콜리는 송이와 줄기를 적당히 잘라요. 끓는 물에 소금을 넣고 살짝 데쳐 찬물에 헹군 뒤 물기를 제거하세요.
3. 데친 브로콜리, 애호박, 파프리카는 쫑쫑 다져 주세요.
4. 볼에 ③과 참치를 넣고 달걀, 전분, 청주, 소금, 후춧가루를 넣고 섞으세요.
5. 달군 프라이팬에 포도씨유를 두르고 숟가락으로 반죽을 떠 올린 뒤 노릇하게 부치세요.

선풍적인 인기를 끌었던 양파닭을 재현해봤어요. 양파를 갈아 넣었더니 특별한 양념 없이도 달달하고 감칠맛이 좋아 놀랐었죠. 양념이 자극적이지 않아 아이에게 먹이기도 좋아요.

양파닭구이

재료
- 닭다리살 400g
- 우유 1컵

밑간
- 양파 70g
- 올리브오일 2큰술
- 다진 마늘·설탕 1큰술씩
- 소금 1/2작은술
- 후춧가루 약간

이렇게 만들어요

1 닭다리살은 껍질을 제거하고 사이사이에 끼인 지방을 칼로 떼어 주세요.

2 손질한 닭다리살은 우유를 붓고 30분간 둔 뒤 찬물에 흔들어 씻어 물기를 제거하세요.

3 닭다리살은 결과 반대 방향으로 지그재그 칼집을 넣어 사방 3㎝ 크기로 썬 뒤 소금, 후춧가루로 간해요. 양파는 강판에 갈고 다진 마늘, 설탕을 넣어 조물조물한 뒤 올리브오일을 넣어 냉장고에서 1시간 재우세요.

4 마른 프라이팬을 달궈 강불에서 닭다리살을 앞뒤로 구운 뒤 노릇해지면 약불로 낮춰 뚜껑을 덮고 5분간 구워요. 다시 강불에서 3분간 바삭하게 구워 주세요.

알아두세요
- 밑간한 닭다리살은 냉장고에서 하루 정도 숙성하면 더 맛있어요.
- 약불에서 구울 때는 중간 중간 타지 않는지 살펴보며 구우세요.
- 올리브오일을 마지막에 섞어야 간이 잘 배어요.

봄
4주

달콤한 단호박은 영양도 풍부하고 아이들이 좋아해 밥상의 단골 채소입니다. 보통 부드럽게 쪄서 으깬 뒤 요리하는 경우가 많은데, 오늘은 단호박을 깍둑 썰어 오이와 함께 샐러드를 만들었더니 달콤하고 아삭하네요.

오이단호박샐러드

재료
- 단호박(씨 제거한 것) 260g
- 오이 75g
- 건크랜베리 20g
- 아몬드(슬라이스) 15g
- 마요네즈 2큰술
- 설탕 1작은술

단촛물
- 식초 2작은술
- 설탕 1작은술
- 소금 1/4작은술

이렇게 만들어요

1. 단호박은 깨끗이 씻어 4등분한 뒤 숟가락으로 씨를 파내요. 냄비에 물을 약간 붓고 채반을 얹어 물이 끓으면 단호박을 넣고 쪄요. 무르게 찐 단호박은 사방 2cm 크기로 깍둑 써세요.

2. 오이는 껍질째 깍둑 썰어 분량의 단촛물 재료를 넣고 10~15분간 절여 주세요. 절임물을 꼭 짠 뒤 물기를 제거하세요.

3. 아몬드는 마른 팬에 노릇하게 볶아요. 건크랜베리는 따뜻한 물에 살짝 불려 물기를 제거하세요.

4. 볼에 오이, 단호박, 아몬드, 크랜베리를 담고 마요네즈와 설탕을 넣고 버무려요.

알아두세요
- 건크랜베리가 많이 딱딱할 때는 물에 불리고 말랑말랑하면 그냥 넣어 주세요.
- 좀더 단맛을 원한다면 설탕을 넣으세요.

후루룩 짭짭~~ 아이들은 국수를 참 좋아해요. 하지만 끼니는 꼭 밥을 해주고 싶은 게 엄마 마음이지요. 영양이 부족하진 않을까, 금세 배가 꺼지진 않을까 걱정되는 면 요리를 고기를 곁들여 든든하게 만들었어요. 엄마와 함께 사이좋게 나눠 드세요.

닭다리살콩나물비빔면 + 연근돼지고기전 + 들깨버섯볶음 + 콜라비피클

봄
5주

봄 5주

밥 먹기가 지겨워지면 자연스럽게 면을 찾게 되죠. 자주 만드는 물국수 말고 특별한 비빔면을 준비하면 어떨까요?
배 든든한 닭다리살도 얹고 아삭아삭한 콩나물을 곁들이면 영양 가득한 한 끼 식사가 되지요.

닭다리살콩나물비빔면

재료
- 닭다리살 115g
- 콩나물 70g
- 소면 60g
- 양파 35g

- 우유 1/4컵
- 소금 1꼬집
- 포도씨유 약간

닭다리살 밑간
- 청주 2작은술
- 소금 1/4작은술

- 후춧가루 약간

소면 양념
- 간장·참기름 1/2작은술씩

- 꿀 1/4작은술

양념
- 간장·굴소스·설탕·다진 마늘·참기름·물 1작은술씩

- 고춧가루 1/2작은술
- 후춧가루 약간

1

2

3

4

5

6

이렇게 만들어요

1. 닭다리살은 껍질을 뗀 뒤 사방 3cm 크기로 써세요. 우유를 부어 30분간 두세요. 볼에 분량의 양념 재료를 넣고 섞어요.

2. 닭다리살을 씻은 뒤 분량의 밑간 재료를 넣고 조물조물해 20분간 재우세요.

3. 콩나물을 씻고 양파는 0.7cm 폭으로 채 썰어요.

4. 소면은 끓는 물에 넣고 찬물을 부어가며 쫄깃하게 삶은 후 찬물에 헹궈 소면 양념을 넣고 버무려요.

5. 달군 프라이팬에 포도씨유를 두르고 닭다리살을 70% 정도 구워 덜어요. 같은 팬에 양파와 소금을 넣어 볶아요.

6. 콩나물을 넣어 강불에서 볶다가 숨이 죽으면 닭다리살과 양념을 넣어 볶아 주세요. 그릇에 소면을 담고 얹어요.

알아두세요
- 팔팔 끓는 물에 소면을 넣고 다시 우르르 끓어오르면 찬물을 반 컵 부어요. 이 과정을 2~3번 하면 면발이 쫄깃해져요.

식이섬유가 풍부한 뿌리채소 연근은 아삭아삭한 식감이 좋지요. 떫고 쓴맛이 있어서 한 번 데친 뒤 사용하시고요. 아이들이 좋아하는 돼지고기를 연근 구멍에 채워 넣으면 영양 간식으로 활용하기에 딱입니다.

연근돼지고기전

재료	· 연근 300g · 돼지고기(등심 다짐육) 100g · 쪽파 8g	· 물 3큰술 · 소금 1/4작은술 · 밀가루·포도씨유 적당량씩
돼지고기 밑간	· 간장 1큰술 · 설탕 2작은술	· 생강술 1작은술 · 후춧가루 약간
부침 페이스트	· 달걀 25g · 밀가루 5큰술 · 양파즙 1과 1/2큰술	· 찹쌀가루 1큰술 · 설탕 2작은술 · 다진 마늘·국간장 1작은술씩

이렇게 만들어요

1. 연근은 0.5cm 두께로 썰어 물에 담가 주세요.
2. 끓는 물에 연근을 넣고 데친 뒤, 찬물에 헹궈 물기를 제거해 주세요.
3. 돼지고기는 키친타월에 올려 핏물을 제거한 후, 분량의 밑간 재료를 넣고 조물조물해 잠시 두세요.
4. 그릇에 부침 페이스트와 물을 넣고 저은 후, 쫑쫑 다진 쪽파를 넣고 섞으세요.
5. 연근에 밀가루를 묻혀 탁탁 턴 뒤, 연근 구멍에 밑간한 돼지고기를 꼭꼭 채우세요.
6. ④의 반죽에 연근을 담가 달군 프라이팬에 포도씨유를 두른 뒤 노릇하게 구워 주세요.

알아두세요

· 소고기나 새우를 갈아서 연근에 채워도 맛있어요.
· 부침가루 페이스트의 농도는 물 2~3큰술을 넣어가며 조절해 주세요.

갓 부분은 부드럽고 줄기는 쫄깃한 맛타리버섯은 자주 밥상에 올리는 식재료이지요. 맛타리버섯을 고소한 들깨와 찹쌀가루를 넣어 걸쭉하게 볶았어요. 황금송이, 팽이 등 식감이 쫄깃한 다른 버섯을 이용해도 좋아요.

들깨버섯볶음

재료

- 맛타리버섯 200g
- 멸치육수 1/2컵
- 들깨가루 2큰술
- 들기름 1큰술
- 국간장·다진 마늘
  ·찹쌀가루 1작은술씩
- 소금 1/4작은술

이렇게 만들어요

1. 맛타리버섯은 씻어 큰 것은 손으로 찢으세요. 멸치육수에 찹쌀가루를 넣고 고루 저어요.
2. 달군 프라이팬에 들기름을 두르고 약불에서 다진 마늘을 넣어 볶다가 향이 나면 중불로 높여 버섯과 소금을 넣고 볶아 주세요.
3. 버섯에서 물이 나오기 시작하면 국간장, 들깨가루를 넣어 볶으세요.
4. ①의 멸치육수를 부어 걸쭉하게 졸여 주세요.

콜라비는 섬유질이 많고 아삭아삭해 피클로 만들기 좋죠. 당근을 함께 넣어 식욕을 돋우는 콜라비피클은 하루 뒤에 먹어도 맛있어요.
채소를 소금에 살짝 절이거나, 뜨거운 물에 살짝 데쳐 사용하면 오래 두고 먹을 수 있어요.

콜라비피클

재료
500㎖ 병 1개

- 콜라비 220g
- 당근 180g

피클물
- 물 1컵
- 식초 1/2컵
- 설탕 50g
- 피클링스파이스 1작은술

이렇게 만들어요

1. 콜라비는 껍질을 두껍게 벗겨 폭 1cm, 길이 5cm로 썰어요. 당근도 껍질을 벗겨 콜라비와 같은 길이로 써세요.
2. 병은 뜨거운 물에 소독하여 물기를 말려요.
3. 냄비에 분량의 피클물 재료를 넣고 끓여 주세요.
4. 병에 콜라비와 당근을 차곡차곡 넣은 뒤 끓인 피클물을 담고 뚜껑을 닫아 주세요. 실온에서 하루 두었다 냉장보관하세요.

봄 6주

봄나물밥 + 톳두부조림 + 우엉어묵잡채

봄
6주

졸음이 쏟아지는 봄이 왔어요. 나른한 봄, 제철음식 중 으뜸인 봄나물을 넣고 밥을 지었어요. 입맛도 되찾고 겨우내 찌뿌둥했던 몸에 기운을 불어넣으세요. 상큼한 레몬즙으로 만든 파프리카양념장을 곁들여 먹으면 더 맛있어요.

봄나물밥

재료
- 냉이 20g
- 달래 15g
- 쌀 1컵(180g)
- 쌀뜨물 270㎖

양념장
- 파프리카(빨간색·노란색) 15g씩
- 레몬즙 2큰술
- 간장·설탕 1큰술씩
- 통깨·참기름 1작은술씩

이렇게 만들어요

1. 쌀은 물에 3번 씻은 후, 쌀이 잠기도록 물을 넉넉히 붓고 30분간 불려요.
2. 냉이와 달래는 깨끗이 씻어 먹기 좋게 쫑쫑 썰어요.
3. 불린 쌀은 체에 밭치고 거른 쌀뜨물은 계량해요. 냄비에 쌀과 쌀뜨물을 담고 강불에서 끓이세요. 쌀이 끓어오르면 약약불로 바꿔 10분간 끓여요. 파프리카는 다진 뒤 나머지 양념장 재료를 넣고 섞어요. 통깨는 손으로 부숴 넣어요.
4. 불을 끄고 5분간 뜸을 들인 후 냉이와 달래를 넣고 밥을 휘저어요. 취향에 따라 양념장을 곁들이세요.

알아두세요
- 냉이와 달래는 최대한 작게 썰어서 아이들이 거부감을 느끼지 않도록 해요.
- 달래는 알뿌리가 큰 것은 칼등으로 살짝 빻아서 넣어 주세요.
- 양념장을 만들 때 통깨는 손으로 부숴 넣으면 향이 고소해요.

봄 6주

톳은 무기질과 단백질, 비타민 등 여러 가지 영양소를 골고루 갖춘 해조류이지요. 노릇하게 구운 두부와 톳으로 간장조림을 만들었어요. 멸치국물을 넣고 자작하게 졸이면 밥에 넣고 슥슥 비벼 덮밥처럼 먹기도 딱입니다.

톳두부조림

재료	• 두부 210g	• 참기름 1작은술
	• 톳 100g	• 소금 1과 1/4작은술
	• 당근 50g	• 포도씨유 적당량
양념	• 멸치육수 1컵	• 설탕 1큰술
	• 청주 2큰술	• 간장 4작은술

 이렇게 만들어요

1 톳은 찬물에 담가 소금기를 빼고 당근은 채 썰어요.

2 두부는 사방 1cm 크기로 깍둑 썬 뒤 소금 1/4작은술을 뿌리세요. 잠시 후 키친타월로 톡톡톡 두드려 물기를 제거하세요.

3 끓는 물에 소금 1작은술과 톳을 넣고 재빨리 데친 뒤 물기를 빼 주세요.

4 달군 프라이팬에 포도씨유를 두르고 두부를 앞뒤로 노릇하게 구워 덜어 두세요.

5 같은 팬을 다시 달군 뒤 포도씨유를 두르고 톳을 넣고 볶아요. 톳이 갈색으로 변하면 분량의 양념을 붓고 졸이세요.

6 국물이 반으로 줄면 두부를 넣고 강불에서 졸인 뒤 당근을 넣으세요. 국물이 자작해지면 참기름을 넣어요.

알아두세요
• 톳은 데치면 초록색으로 변하고 다시 볶으면 갈색으로 변해요.
• 구운 두부 대신 연두부를 넣으면 보들보들해 밥 위에 얹어 먹기 좋아요.

봄 6주

섬유질이 풍부한 우엉을 조리면 밥반찬으로 참 좋아요. 당면 대신 우엉과 어묵을 길이대로 채 썰어 잡채를 만들었어요. 아이는 물론 남편도 좋아하는 인기 메뉴입니다.

우엉어묵잡채

재료	
• 우엉 135g	• 들기름 1큰술
• 어묵 1과 1/2장(125g)	• 식초·올리브오일 1작은술씩
• 당근 65g	• 소금 2꼬집
• 피망 50g	

양념	
• 다진 파 2큰술	• 굴소스·다진 마늘 1작은술씩
• 간장·아가베시럽·물 1큰술씩	

이렇게 만들어요

1. 우엉은 껍질을 벗기고 곱게 채 썰어 찬물에 담근 뒤 끓는 물에 식초를 넣고 데쳐요. 찬물에 헹궈 물기를 제거해요.

2. 어묵과 피망, 당근은 얇게 채 썰어요. 볼에 분량의 양념 재료를 넣고 섞어요.

3. 달군 프라이팬에 들기름과 올리브오일을 두르고 중불에서 우엉이 부드러워질 때까지 볶아요.

4. 프라이팬 한쪽으로 우엉을 밀어두고 당근, 피망을 넣고 소금을 뿌린 뒤 볶아요.

5. 모두 한데 섞은 뒤 어묵을 넣고 볶다가 양념을 부어 볶아 주세요.

알아두세요
• 우엉은 굳이 식촛물에 담그지 않아도 됩니다. 단 데칠 때 식초를 넣으면 우엉 특유의 아린 맛이 빠져요.

봄 7주

흰쌀밥 + 쑥꽁치김치찌개 + 백김치 + 미나리햄전 + 유채나물무침

보통 꽁치김치찌개는 통조림 꽁치로 많이들 하시는데요. 가격이 착한 생물 꽁치로 끓여도 맛있어요. 지난 김장 김치와 봄철 향긋한 쑥도 같이 넣어 끓였어요. 조림처럼 국물을 빡빡하게 만들어도 맛깔스러워요.

쑥꽁치김치찌개

재료		
	• 꽁치 2마리	• 멸치육수 2컵
	• 김치 110g	• 청주·참기름 1큰술씩
	• 콜라비 50g	• 생강술 2작은술
	• 양파 45g	• 소금 1/4작은술
	• 쑥 35g	
양념	• 간장·다진 마늘 1/2큰술씩	• 고춧가루·국간장·된장 1/2작은술씩
	• 설탕 1작은술	

이렇게 만들어요

1. 꽁치는 머리를 자르고 배에 가위집을 넣어 내장을 꺼내 흐르는 물에 씻은 뒤 3등분 하세요.
2. 손질한 꽁치에 소금과 청주를 뿌려 잠시 두세요.
3. 김치는 씻어 쫑쫑 썰고, 콜라비는 약간 두껍게 나박 썰어요. 양파는 채 썰고 쑥은 씻어요.
4. 냄비에 참기름을 두르고 김치와 콜라비를 넣어 볶다가 멸치육수를 넣고 끓여요. 분량의 양념 재료를 넣고 끓어오르면 꽁치를 넣고 그 위에 생강술을 뿌리세요.
5. 뚜껑을 덮고 약불에서 바글바글 끓이다가 꽁치가 익으면 양파를 넣고 중불에 졸이듯이 끓여요.
6. 육수가 1/3 정도 줄어들고 꽁치에 간이 배면 불을 끄고 쑥을 넣어요.

알아두세요
- 쌀뜨물 2번째 물을 받아 꽁치를 30분 담그면 비린내가 나지 않아요.
- 설탕은 김치찌개를 좀 더 맛깔나게 만들어주는데 단맛이 싫다면 빼도 됩니다.

봄 7주

해물육수를 우린 국물에 과일즙을 넣어 만든 새콤한 백김치예요. 이유식 완료기 이후 맛있게 먹일 수 있는 어린이 김치입니다. 김치를 담근 뒤 1주일 지났을 때가 제일 맛있어요. 포기배추의 크기는 겉의 파란 잎 떼어낸 후 2kg입니다.

백김치

재료	
	• 배추 1포기(2kg)
	• 소금(뿌림용) 60g
	• 무 300g
	• 파프리카 65g
	• 쪽파 35g

절임 소금물
- 소금 1컵
- 물 1ℓ

찹쌀풀
- 찹쌀가루 1큰술
- 물 1/2컵

과일즙
- 배 115g
- 사과 100g
- 마늘 14g
- 생강 8g
- 물 1컵

무 양념
- 소금 1과 1/2작은술
- 매실액·아가베시럽 1작은술씩

해물육수
- 무·양파 30g씩
- 새우·멸치 5g씩
- 물 2컵

백김치 국물
- 물 1.3ℓ
- 해물육수 1컵
- 까나리액젓·찹쌀풀·소금 1큰술씩

이렇게 만들어요

1 배추는 겉잎을 뗀 후, 밑둥에 칼집을 1/4 정도 넣어 손으로 반 갈라주세요.

2 큰 볼을 준비해 물과 소금을 넣고 소금이 다 녹을 때까지 기다려요. 소금물에 배추를 담그고 속까지 소금물을 뿌려가며 적셔 주세요. 소금물은 버리지 마세요.

3 소금물에 적신 배추는 꺼내 단단한 줄기 부분에 소금을 조금씩 뿌려요. 속대 부분이 위를 향하게 놓고 6~8시간 졸여요.

4 절인 배추는 칼집 넣은 곳을 손으로 갈라 1/2등분하여 총 4개를 만들어요. 큰 볼에 물을 담아 절인 배추를 2~3번 헹궈 주세요.

5 채반에 배추를 거꾸로 엎고 2~3시간 두어 물기를 제거하세요.

6 믹서에 분량의 과일즙 재료를 넣고 곱게 갈아요.

7 무와 파프리카는 곱게 채 썰어요. 쪽파는 4cm 길이로 썰어요. 볼에 무와 분량의 무 양념을 넣어 고루 섞은 뒤 파프리카와 쪽파를 넣어 버무려요.

8 물기를 뺀 배추에 ⑦의 양념 속을 켜켜이 채운 후 김치통에 담아요.

9 냄비에 물을 넣고 찹쌀가루를 곱게 푼 뒤, 약불에 올려 걸쭉해지면 식혀요.

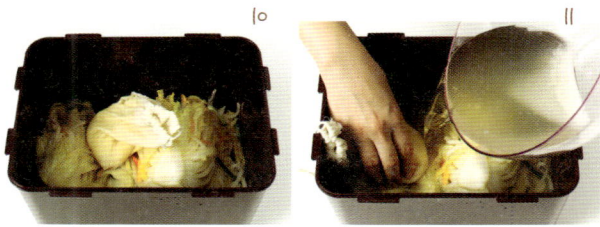

10 과일즙은 면보자기에 넣어 배추 위에 얹은 후, 1시간 정도 숙성시키세요. 해물육수 재료를 냄비에 넣고 끓여 식히세요. 해물육수 1컵과 나머지 백김치 국물 재료를 넣고 잘 섞어요.

11 김치통에 부어 면보자기를 살짝 주물러 즙이 잘 스며 나오도록 하세요. 실온에서 7~8시간 숙성시킨 후 면보자기를 건져내고 냉장보관하세요.

🌱 알아두세요
- 백김치는 꼭 과일즙을 넣고 1시간 숙성시킨 뒤 국물을 넣어야 시원하고 맛있어요.
- 면보자기와 백김치 국물을 바로 넣어도 되긴 하지만 국물이 빨리 새콤해질 수 있어요.

미나리는 특유의 쌉쌀한 맛 때문에 아이들이 잘 먹는 나물은 아니지요. 향긋한 미나리와 햄은 묘한 궁합이지만 의외로 잘 어울려요. 미나리를 먹이기 위해 햄을 넣었는데 어른이 먹어도 맛있는 전입니다.

미나리햄전

봄 7주

재료
- 미나리 50g
- 햄 100g
- 물 4큰술
- 포도씨유 적당량

부침 페이스트
- 달걀 25g
- 밀가루 5큰술
- 양파즙 1과 1/2큰술
- 찹쌀가루 1큰술
- 설탕 2작은술
- 다진 마늘·국간장 1작은술씩

알아두세요
- 향이 강한 미나리를 아이가 먹지 않을 때는 봄동 등 다른 봄나물을 활용하세요.
- 얇은 반죽의 전을 좋아하는 분은 물의 양을 늘리고 두꺼운 반죽을 원할 때는 물의 양을 줄이면 되어요.

이렇게 만들어요

1. 미나리는 깨끗이 씻어서 물기를 제거하고 쫑쫑 다지세요.
2. 햄은 0.5cm 폭으로 채 썰어 반 자르세요.
3. 볼에 분량의 부침 페이스트 재료를 넣고 고루 섞은 뒤 물을 넣고 섞어요.
4. 반죽에 미나리, 햄을 넣고 섞어 주세요.
5. 달군 프라이팬에 포도씨유를 두르고 반죽을 숟가락으로 떠서 앞뒤로 노릇하게 구워요.

비타민 C가 풍부한 유채나물은 향이 강하지 않아 아이에게 먹이기 좋아요.
유채꽃이 피기 전인 3~4월에 구입해 밥상에 올리세요. 부드럽게 데쳐서 조물조물 무쳐주면 입맛이 돋습니다.

유채나물무침

봄 7주

재료
- 유채나물 160g
- 다진 파 10g
- 소금 1작은술

양념
- 참기름 2작은술
- 어간장·통깨 1작은술씩
- 소금 2꼬집

알아두세요
- 데친 나물은 물기를 너무 꼭 짜면 맛있는 성분들이 다 빠져나가니 적당하게 짜세요.
- 아이가 마늘에 대한 거부감이 없다면 다진 마늘 1작은술을 넣어도 맛있어요.

이렇게 만들어요

1. 유채나물은 깨끗이 씻어 끓는 물에 소금을 넣고 살짝 데치세요.
2. 데친 유채나물은 찬물에 헹궈 물기를 꼭 짜 주세요.
3. 볼에 유채나물과 다진 파, 분량의 양념 재료를 넣어 조물조물 무쳐 완성하세요.

봄 8주

흰쌀밥　봄동모시조개국　고사리두부전
목살양상추샐러드　매콤뱅어포구이

봄동은 야들야들하고 단맛이 풍부한 봄나물입니다. 보통 나물로 많이 먹는데 모시조개와 함께 끓이면 시원하고 달콤한 맛이 일품입니다. 진한 국물 맛을 내려고 멸치육수를 썼지만 모시조개의 양을 늘려 물을 붓고 끓여 조개육수를 내어도 좋아요.

봄동모시조개국

재료

- 모시조개 275g
- 봄동 80g
- 멸치육수 3컵
- 된장 2작은술
- 다진 마늘 1작은술
- 소금 약간

알아두세요

- 모시조개는 찬 육수와 함께 넣고 끓여야 국물이 뽀얗게 우러나와요.
- 조개육수를 낼 때는 꼭 찬물에 넣고 끓여 주세요.

이렇게 만들어요

1. 모시조개는 흐르는 물에 씻어 연한 소금물에서 해감하세요.
2. 봄동은 씻어 끓는 물에 소금을 넣고 살짝 데친 뒤 찬물에 헹궈 물기를 짜세요.
3. 데친 봄동은 먹기 좋게 썰고 된장, 다진 마늘을 넣고 조물조물 무쳐 잠시 두어요.
4. 냄비에 멸치육수를 붓고 모시조개를 넣고 강불에서 끓여요.
5. 육수가 끓으면 봄동을 넣고 한소끔 끓여 주세요.

향이 좋은 고사리는 어른들은 좋아하지만 아이들은 보기만 해도 도망가기 일쑤예요.
그래서 아이에게 익숙한 크래미와 두부를 곁들여 전을 부쳤어요. 맛이 고소하고 촉촉해 누구라도 잘 먹습니다.

고사리두부전

봄 8주

재료

- 두부 100g
- 고사리(데친 것) 70g
- 크래미 40g
- 달걀 1개
- 소금 1/4작은술
- 포도씨유 약간

 알아두세요

- 말린 고사리는 물에 3~4시간 불린 후 냄비에 물을 붓고 10분간 삶아서 사용하면 됩니다.

 이렇게 만들어요

1. 두부는 면포에 넣어 꼭 짜서 물기를 제거하세요.
2. 데친 고사리는 끓는 물에 5분간 삶아 흐르는 물에 씻어 꼭 짠 뒤 1cm 길이로 썰어요.
3. 크래미는 1cm 폭으로 잘라 손으로 살짝 부숴 주세요.
4. 볼에 두부, 고사리, 크래미를 담고 달걀과 소금을 넣고 섞으세요.
5. 달군 프라이팬에 포도씨유를 두르고 숟가락으로 반죽을 떠서 올린 뒤 앞뒤로 노릇하게 구워 주세요.

기름기가 적은 목살을 구워 샐러드를 만들어봤어요. 담백한 돼지고기와 아삭한 양상추가 레몬 드레싱과 어우러져 상큼해요. 샐러드는 물기 제거가 중요하기 때문에 양상추를 얼음물에 헹군 후 스피너를 이용해 물기를 완벽하게 없애 주세요.

목살양상추샐러드

재료	
• 돼지고기(목살) 260g	• 포도씨유·청주 1큰술씩
• 파인애플 100g	• 소금 1꼬집
• 양상추 80g	• 후춧가루 약간

조림 양념
- 물 3큰술
- 설탕·청주 1큰술씩
- 간장 2작은술

레몬 드레싱
- 레몬즙·다진 양파·올리브오일 1큰술씩
- 아가베시럽(또는 꿀) 1작은술
- 소금 1꼬집
- 후춧가루 약간

이렇게 만들어요

1. 돼지고기는 키친타월로 핏물을 제거한 뒤 앞뒤로 칼집을 넣고 소금, 후춧가루를 뿌려 20분간 재워요.

2. 볼에 올리브오일을 제외한 드레싱 재료를 넣고 고루 섞은 뒤 올리브오일을 넣고 저어요.

3. 양상추는 얼음물에 씻은 뒤, 스피너로 물기를 완벽히 제거해 먹기 좋은 크기로 뜯어요. 파인애플은 6등분해 주세요.

4. 달군 프라이팬에 포도씨유를 두르고 돼지고기를 넣고 청주를 뿌린 뒤 앞뒤로 구워 그릇에 덜어 주세요.

5. 같은 팬을 달군 뒤 분량의 조림 양념을 넣고 끓여요. 바르르 끓고 살짝 졸아들면 구운 돼지고기를 넣고 중불에서 양념을 살짝 묻히듯이 조리세요. 접시에 양상추, 돼지고기, 파인애플을 담고 드레싱을 뿌려요.

알아두세요
- 꼭 파인애플이 아니어도 아이가 좋아하는 과일이면 뭐든 어울려요.

봄
8주

뱅어포는 잔멸치나 새우보다 칼슘 함량이 더 높아요. 칼슘 보충식으로도 좋고 가격도 저렴하므로 아이 반찬으로 자주 활용하세요. 아이가 어리다면 덜 구워서 양념에 버무리면 촉촉하게 먹을 수 있어요.

매콤뱅어포구이

재료
- 뱅어포 3장(52g)
- 포도씨유 3큰술
- 검정깨 2작은술

양념
- 토마토케첩 1큰술
- 청주·올리고당·아가베시럽·물 1/2큰술씩
- 고추장·다진 마늘·참기름 1작은술씩
- 간장 1/2작은술

이렇게 만들어요

1. 뱅어포는 가위로 사방 1.5cm 크기로 자르세요.
2. 볼에 분량의 양념 재료를 넣고 고루 섞어 주세요.
3. 달군 프라이팬에 포도씨유를 두르고 약불에서 뱅어포를 노릇하고 바삭하게 구운 뒤, 넓은 그릇에 펼쳐 식히세요.
4. 같은 팬에 ②의 양념을 붓고 끓어오르면 구운 뱅어포를 넣고 약불로 낮춘 뒤 버무려요. 불을 끄고 검정깨를 넣어 섞으세요.

알아두세요
- 뱅어포는 바삭하게 구워서 넓게 펴 식힌 뒤 양념에 버무려야 눅눅해지지 않아요.

바쁜 아침 시간, 늦장 부리는 아이를 졸졸 따라다니며 밥 한 번, 반찬 한 번씩 번갈아가며 먹이기 참 힘들지요. 이럴 때는 제철 재료를 밥과 함께 섞어 뭉쳐준 주먹밥이 요긴해요. 봄나들이 갈 때도 고로케랑 주먹밥을 싸면 즐거움은 배가 되지요.

취나물멸치주먹밥　봄나물고로케　새우고구마카레찜　꼬막무침

봄 9주

취나물은 어린잎은 쌈을 싸먹고, 조금 억센 것은 데쳐서 나물을 무쳐먹기도 해요. 취나물을 만졌을 때, 억세지 않고 보들보들한 것이 참취예요. 아이들 먹기에 좋은 참취로 주먹밥을 만들었습니다. 바쁜 아침에 만들어 먹이면 편해요.

취나물멸치주먹밥

재료
- 밥 200g
- 취나물 30g
- 마늘종멸치고추장볶음(만드는 법 P.224 참고) 20g
- 참기름 1작은술
- 소금 1과 1/4작은술

이렇게 만들어요

1. 취나물은 깨끗이 씻어 끓는 물에 소금 1작은술을 넣고 데친 뒤, 찬물에 헹궈 물기를 꼭 짜 주세요.
2. 취나물을 쫑쫑 다져서 볼에 담고 소금 1/4작은술과 참기름을 넣고 조물조물 무쳐 주세요.
3. 따뜻한 밥을 ②에 넣고 마늘종멸치볶음도 같이 넣어 섞어요.
4. 밥을 동그랗게 뭉쳐서 주먹밥을 만들어요.

알아두세요
- 다른 재료들을 미리 만들어 두고 아침에 갓 지은 밥만 퍼서 섞은 후 주먹밥을 만들어 주세요.

봄
9주

제철 음식은 보약 같다고들 하는데, 아이에게 제철 음식을 먹이는 게 여간 힘든 일이 아니지요? 몸에 좋은 봄나물을 먹이고 싶어 감자로 고로케를 만들었어요. 포슬포슬한 식감이 참 맛있어요. 취향에 따라 토마토케첩이나 타르타르소스를 곁들이세요.

봄나물고로케

재료
- 감자 2개(260g)
- 봄동 35g
- 돈나물 30g
- 소금 1/4작은술
- 버터 15g
- 포도씨유 적당량

튀김 반죽
- 빵가루 40g
- 밀가루 30g
- 달걀 1개

이렇게 만들어요

1. 냄비에 감자를 담고 감자가 살짝 잠길 정도의 물을 부어 삶으세요. 삶은 감자는 껍질을 벗겨 으깨요.
2. 끓는 물에 소금을 넣고 깨끗이 씻은 봄동과 돈나물을 살짝 데친 뒤 찬물에 헹궈 물기를 제거하세요. 먹기 좋게 쫑쫑 썰어 주세요.
3. 볼에 삶은 감자와 봄나물을 담고 소금, 버터를 넣고 섞은 뒤 동그랗게 모양을 잡아 빚어요.
4. ③은 밀가루 → 달걀물 → 빵가루 순으로 튀김옷을 입혀 주세요.
5. 180℃의 포도씨유에 한 번만 튀겨 주세요.

알아두세요
- 고로케 재료는 이미 익은 거라 오래 튀길 필요는 없어요. 노릇해지면 꺼내요.
- 고로케에 버터를 넣어주면 풍미도 좋고 식감이 부드러워집니다.

고소한 새우와 달콤한 고구마를 카레소스에 찐 반찬이에요. 농도가 묽어 밥에 비벼 먹어도 손색없어요.
거의 졸였을 때 우유를 넣고 끓여야 우유에 함유된 영양소가 파괴되지 않아요.

새우고구마카레찜

봄 9주

재료

- 새우 10마리(180g)
- 고구마 60g
- 양파·사과 50g씩
- 애호박 30g
- 당근 20g
- 물 1컵
- 우유 2큰술
- 카레가루 1과 1/2큰술
- 청주 1큰술
- 전분물 2작은술(전분·물 2작은술씩)
- 소금 2꼬집

새우 밑간
- 청주 1작은술
- 소금 1꼬집
- 후춧가루 약간

알아두세요

- 고구마는 더디게 익으니 작게 썰고 다른 채소는 좀 더 크게 썰어야 익는 속도가 비슷해요.

이렇게 만들어요

1. 새우는 손질하고 흐르는 물에 씻으세요. 물기를 빼고 밑간 재료를 넣어 잠시 두세요.
2. 고구마는 사방 1cm 크기로, 양파, 사과, 애호박, 당근은 사방 1.5cm 크기로 깍둑 썰어 주세요.
3. 냄비에 고구마와 물, 소금을 넣고 뚜껑을 덮고 끓여주세요.
4. 물이 끓어오르면 양파, 사과, 애호박, 당근을 넣고 뚜껑을 덮어 중불에서 5분간 쪄주세요.
5. 밑간한 새우와 청주, 카레가루를 개어 넣고 중약불로 줄인 뒤 끓이세요. 끓으면 전분물을 넣고 걸쭉해지면 우유를 넣고 마무리하세요.

제철을 만난 꼬막은 속살이 꽉 차서 쫄깃한 맛이 일품이에요. 꼬막은 너무 오래 삶으면 질겨지고 너무 짧게 삶으면 핏물이 흥건해요. 꼬막이 2~3개 입을 벌렸을 때 불을 끄고 꼬막을 건져내는 게 포인트예요.

꼬막무침

봄
9주

재료

- 꼬막 370g
- 브로콜리 50g
- 파프리카 40g
- 소금 약간

양념

- 매실액 1큰술
- 고춧가루·참기름 1작은술씩
- 간장 1/2작은술

알아두세요

- 데친 꼬막은 바로 찬물에 헹구면 꼬막살이 쪼그라들 뿐 아니라 특유의 맛이 사라져요. 꼭 채반에 밭쳐 그대로 식히세요.

이렇게 만들어요

1. 냄비에 꼬막을 담고 꼬막이 잠길 정도로 물을 부어 강불에서 끓여 주세요.
2. 꼬막이 2~3개 정도 입을 벌리면 냄비 째로 채반에 부은 뒤 그대로 식혀 살만 발라요.
3. 브로콜리는 끓는 물에 소금 넣고 살짝 데친 후 찬물에 헹궈 물기를 제거하세요.
4. 데친 브로콜리와 파프리카는 먹기 좋게 썰어 주세요.
5. 볼에 꼬막살과 브로콜리, 파프리카를 담고 분량의 양념 재료를 넣고 버무려요.

봄 10주

보리쌀밥 + 취나물된장국 + 양배추굴소스볶음 + 쥐포채볶음 + 파프리카깍두기

섬유질이 많은 보리는 소화가 잘 되지 않지만 소량 넣으면 아이들도 맛있게 잘 먹어요.
쌀보다 맛은 떨어지지만 비타민, 무기질 등 충분한 영양을 갖춘 곡식이므로 익숙해지면 양을 늘려 밥을 지어 보세요.

보리쌀밥

봄 10주

재료
- 찰보리 25g
- 쌀 1컵(180g)
- 쌀뜨물 270㎖

알아두세요
- 찰보리는 충분히 불려 밥을 지어야 아이가 잘 먹어요.

이렇게 만들어요

1. 찰보리는 씻어 하루 정도 불려요.
2. 쌀은 물에 3번 씻은 후, 쌀이 잠길 정도로 물을 넉넉히 붓고 30분간 불려요.
3. 불린 쌀은 체에 밭치고 거른 쌀뜨물은 계량해 냄비에 부으세요.
4. 쌀과 찰보리를 냄비에 함께 넣은 뒤 강불에서 끓여요.
5. 쌀이 끓어오르면 중약불로 낮춰 15분간 끓여 주세요. 불을 끄고 10분간 뜸들인 뒤 먹어요.

억세지 않고 잎이 부드러운 취나물로 된장국을 끓였어요.
취나물은 미리 데쳐 양념을 조물조물한 뒤 국을 끓여야 풋내가 나지 않고 맛있어요.

취나물된장국

봄 10주

재료
- 취나물 70g
- 두부 60g
- 된장 1큰술
- 멸치육수 3컵
- 소금 약간

양념
- 국간장·다진 마늘 1작은술씩

알아두세요
- 취나물 잎이 억세다면 데칠 때 시간을 늘려 부드럽게 익혀요.
- 된장은 바로 찬물에 푸는 것보다 끓는 물에 넣어야 떫은맛이 나지 않아요.

이렇게 만들어요

1. 끓는 물에 소금을 넣고 씻은 취나물을 살짝 데쳐 주세요.
2. 취나물은 찬물에 헹궈 물기를 짠 뒤 국간장, 다진 마늘을 넣고 무치세요.
3. 두부는 사방 1cm 크기로 깍둑 썰어 주세요.
4. 냄비에 멸치육수를 붓고 강불에서 끓여요. 끓어오르면 취나물을 넣고 된장을 풀어요.
5. 다시 끓으면 두부를 넣고 뚜껑을 덮고 약불에서 5~10분간 끓이세요.

양배추의 아삭아삭한 식감을 살려 크래미와 버섯을 넣고 볶아봤어요.
별 반찬 없을 때 휘리릭 볶아주기 쉬운 반찬입니다. 양배추는 강불에서 빠르게 볶아야 아삭아삭해요.

양배추굴소스볶음

봄
10주

재료

- 양배추 265g
- 크래미 80g
- 팽이버섯 60g
- 포도씨유·굴소스 1큰술씩
- 다진 마늘 1작은술
- 소금 1/4작은술
- 후춧가루 약간

이렇게 만들어요

1. 양배추는 잎을 한 장씩 떼어 씻고 물기를 제거한 뒤 채 썰어요.
2. 팽이버섯은 밑동을 제거하고 크래미는 손으로 찢어 주세요.
3. 달군 프라이팬에 포도씨유를 두르고 채 썬 양배추와 소금을 넣고 강불에서 볶아요. 양배추에 기름이 고루 묻으면 팽이버섯과 크래미를 넣고 볶으세요.
4. 양배추가 살짝 숨이 죽으면 굴소스와 다진 마늘을 넣고 볶다가 후춧가루를 뿌려 마무리하세요.

쥐포를 가늘게 채 썬 쥐포채는 달달해서 아이들이 좋아해요. 쥐포채볶음은 한 번에 많이 만들어 오래 두고 든든하게 먹을 수 있는 반찬이랍니다. 조금 달 수 있으므로 식성에 따라 올리고당 양을 조절하세요.

쥐포채볶음

봄
10주

재료

- 쥐포채 140g
- 포도씨유 2큰술
- 통깨 2작은술
- 참기름 1작은술

양념
- 올리고당·물 2큰술씩
- 청주 1큰술
- 간장 2작은술
- 설탕 1작은술

이렇게 만들어요

1 달군 프라이팬에 포도씨유를 두르고 청주를 제외한 분량의 양념 재료를 부어 10초간 바르르 끓여 주세요.

2 ①에 쥐포채를 넣고 볶다가 청주를 넣고 섞은 뒤 마지막에 참기름을 넣어요. 통깨를 뿌려 완성하세요.

봄 10주

아이를 위해서 고춧가루를 넣지 않고 만든 깍두기예요. 물에 씻지 않아도 잘 먹어서 저희 집 아이들에게 쭉 먹이는 효자 김치입니다. 파프리카는 씨를 제거한 뒤 갈아야 김치 담갔을 때 색이 곱고 맛이 부드러워요.

파프리카깍두기

재료
- 무 1800g
- 굵은소금 25g

찹쌀풀
- 찹쌀가루 1큰술
- 물 1/2큰술

양념
- 파프리카 300g
- 배 50g
- 양파 30g
- 마늘 25g
- 새우젓·아가베시럽 2큰술씩
- 까나리액젓 1큰술

이렇게 만들어요

1. 무는 껍질을 제거한 뒤 사방 1cm 크기로 깍둑 썰어요.
2. 넓은 볼에 무를 담고 굵은소금을 뿌려 1시간 절여 주세요. 체에 밭쳐 물기를 빼요.
3. 냄비에 물을 넣고 찹쌀을 부어 곱게 개어준 뒤 약불에 올려 걸쭉해지면 식히세요.
4. 분량의 양념 재료를 모두 믹서에 넣고 갈아 주세요. 여기에 찹쌀풀을 넣고 섞으세요.
5. 볼에 무와 ④를 넣고 고루 섞은 뒤 하루 정도 실온에서 숙성시켜 냉장보관하세요.

알아두세요
- 배를 넣어 맛이 시원한 반면 금방 새콤해져요. 조금씩 만들어 맛있게 드세요.

봄 11주

주꾸미달래밥 + 냉이소고기국 + 파프리카김치 + 새송이버섯달걀볶음 + 바지락살시금치무침

봄
11주

알이 꽉 찬 봄날 주꾸미는 최고의 제철 음식이지요. 부드럽고 쫄깃한 주꾸미와 봄내음 가득한 달래를 넣어 밥을 했어요. 양념장에 비벼 먹어도 좋지만 버터를 넣었더니 고소한 풍미가 생겨 아이들이 잘 먹어요.

주꾸미달래밥

재료
- 주꾸미 1/2마리(80g)
- 달래 10g
- 쌀 1컵(180g)
- 쌀뜨물 270㎖
- 버터 10g

이렇게 만들어요

1. 쌀은 3번 씻은 후, 쌀이 잠기도록 물을 넉넉하게 붓고 30분간 불려요.
2. 주꾸미는 씻어 머리에 가위집을 낸 뒤 내장을 제거하고 가위로 눈을 뗀 뒤 먹기 좋게 썰어요.
3. 달래는 머리의 껍질을 제거하고 살살 흔들어 씻어 먹기 좋게 썰어요.
4. 불린 쌀은 체에 밭치고 냄비에 쌀과 거른 물을 붓고 강불에서 끓여 주세요.
5. 쌀이 끓어오르면 뚜껑을 열고 주꾸미를 넣고 주걱으로 휘휘 저어준 뒤 약약불로 낮춰 10분간 끓이세요.
6. 불을 끄고 3분간 뜸들인 뒤 버터와 달래를 넣고 섞으세요.

알아두세요
- 버터는 뜸을 들인 후 바로 섞어야 잘 녹아서 밥에 흡수가 돼요.
- 버터는 유기농 버터 등 품질이 좋은 버터를 사용해 주세요.

봄 11주

대표적인 봄나물 냉이는 그 향이 말할 수 없이 깊지요. 아이들은 그 향의 깊이를 모르니 답답할 따름이에요. 쉽게 포기하지 않고 소고기를 넣어서 구수한 냉이된장국을 만들었어요. 보통 국이 끓으면 마지막에 냉이를 넣어 향을 즐기지만 아이를 위해서 약불에서 냉이를 넣고 푹 끓여 부드러운 맛을 냈어요.

냉이소고기국

재료
- 소고기 150g
- 냉이 65g
- 물 3컵
- 된장 2작은술
- 참기름·다진 마늘 1작은술씩
- 소금 약간

냉이 양념　· 된장·다진 마늘 1작은술씩

 이렇게 만들어요

1. 냉이는 잡티를 제거하고 깨끗이 씻어요. 끓는 물에 소금과 냉이를 넣고 데친 뒤 찬물에 헹궈 꼭 짜세요.
2. 데친 냉이는 된장과 다진 마늘을 넣고 조물조물해 잠시 두세요.
3. 냄비에 참기름을 두른 뒤 핏물을 뺀 소고기를 넣고 약불에서 달달 볶으세요.
4. 육즙이 나오면 물을 붓고 강불에서 끓여요. 끓어오르면 된장과 다진 마늘을 넣고 끓여요.
5. 다시 끓어오르면 냉이를 넣고 뚜껑을 덮은 뒤 약불에서 10분간 끓여 완성하세요.

알아두세요
- 소고기를 볶을 때 국간장 1작은술을 넣으면 더 깊은 맛이 나요. 아이가 먹는 국이라 슴슴하게 간을 했습니다.

봄
11주

파프리카를 넣어 맛이 시원한 배추김치입니다. 고춧가루를 소량 넣었지만 맵지 않을 정도라 씻지 않고 먹을 수 있어요. 까나리액젓 대신 멸치액젓을 써도 되어요.

파프리카김치

재료
- 배추 1포기(2kg)
- 소금(뿌림용) 60g
- 쪽파 35g

소금물
- 소금 1컵
- 물 1ℓ

찹쌀풀
- 찹쌀가루 1큰술
- 물 1/2컵

양념
- 파프리카 145g
- 배 60g
- 마늘 25g
- 고춧가루 4큰술
- 까나리액젓 2큰술
- 새우젓·아가베시럽 1큰술씩

이렇게 만들어요

1. 배추는 겉잎을 뗀 후, 밑동에 1/4 정도 칼집을 넣은 뒤 손으로 반 잘라 주세요.
2. 큰 볼에 물과 소금을 넣고 소금이 다 녹을 때까지 기다리세요. ①의 배추의 잎 속까지 소금물을 뿌려가며 적셔요.
3. 소금물에 적신 배추를 꺼내 단단한 줄기 부분에 소금을 조금씩 뿌린 뒤 그대로 체에 밭쳐 6~8시간 절이세요.

알아두세요
- 배추는 들어봤을 때 묵직하고 속이 헐겁지 않은 것을 고르세요.
- 배추를 소금을 뿌려 절일 때는 자른 배추의 단면이 위로 오도록 하세요.
- 뿌림용 소금은 굵은 줄기 쪽에만 뿌려요. 잎까지 뿌리면 너무 짜요.

4 절인 배추는 다시 반으로 잘라 총 4개를 만든 뒤 깨끗한 물을 큰 볼에 담아 2~3번 헹궈 씻으세요.

5 체에 거꾸로 엎어 2~3시간 두어 물기를 제거하세요.

6 냄비에 물과 찹쌀가루를 곱게 푼 뒤 약불에서 끓여 걸쭉해지면 식히세요. 고춧가루를 제외한 분량의 양념 재료를 믹서에 넣고 간 뒤 고춧가루와 찹쌀풀을 넣고 섞어요. 먹기 좋게 썬 쪽파를 넣어 버무려요.

7 　절인 배추에 ⑥의 양념을 켜켜이 발라가며 버무려요.

8 　겉잎으로 배추를 감싸고 통에 차곡차곡 담은 후, 실온에 하루 두었다 냉장보관하세요.

아이들이 가장 거부감 없이 잘 먹는 버섯이 새송이죠. 향이 진하지 않고 보들보들한 새송이버섯은 볶으면 더 쫄깃하고 맛있어요. 스크램블드에그에 버섯의 영양을 가미한 요리입니다.

새송이버섯달걀볶음

재료

- 새송이버섯 260g
- 달걀 2개
- 포도씨유 2큰술
- 소금 1/2작은술

알아두세요

- 새송이버섯은 처음부터 강불에서 볶으면 탈 수 있으니 중불에 볶다가 수분이 나오면 강불로 바꿔 주세요.

이렇게 만들어요

1. 볼에 달걀을 푼 뒤 소금 1/4작은술을 넣고 섞어요.
2. 달군 프라이팬에 포도씨유 1/2큰술을 두르고 달걀물을 넣고 약불에서 5초 후 젓가락으로 저어 그릇에 담아두세요.
3. 새송이버섯은 씻어 밑동을 뗀 뒤 큰 것은 3등분하여 반을 갈라 먹기 좋게 썰어요.
4. 달군 프라이팬에 포도씨유 1과 1/2큰술을 두르고 새송이버섯을 넣고 중불에서 볶아요. 새송이버섯에서 물이 나오면 강불로 바꿔 소금 1/4작은술을 넣어요.
5. 스크램블드에그를 넣고 섞어 완성하세요.

댕글댕글한 바지락살과 시금치를 무쳤어요. 시금치는 매번 소금으로만 무치는데 제철 바지락과 함께 무치면 입맛이 살아나요. 된장과 들깨를 넣어 담백하면서도 고소합니다.

바지락살시금치무침

봄 11주

재료
- 시금치 200g
- 바지락살 100g
- 청주 2큰술
- 소금 약간

양념
- 들깨 1큰술
- 어간장·된장·참기름 1/2작은술씩

 알아두세요
- 바지락살은 데친 후 씻지 않고 채반에 밭쳐 그대로 식혀야 살이 쪼그라들지 않아요.
- 시금치는 오래 삶으면 물러지므로 젓가락으로 2~3번 저은 뒤 바로 건져요.

 이렇게 만들어요

1. 바지락살은 엷은 소금물에 넣고 살살 흔들어 씻어요.
2. 시금치는 깨끗이 씻어 끓는 물에 소금을 넣고 데친 후, 찬물로 헹궈 손으로 지그시 눌러 살포시 물기를 짜 주세요.
3. 끓는 물에 바지락살과 청주를 넣고 살짝 데쳐 체에 밭쳐요.
4. 볼에 시금치와 바지락살을 담고 분량의 양념 재료를 넣어 조물조물 무쳐요.

봄 12주

밤콩밥   오징어국   호두김조림   어묵콩나물냉채   마늘종감자새우볶음

달콤한 밤 맛이 난다고 해서 밤콩이라는 이름이 붙은 밤콩으로 밥을 지었어요.
밥을 고슬고슬하게 짓고 싶을 때는 물의 양을 10㎖ 줄여 보세요.

밤콩밥

봄 12주

재료

- 밤콩 35g
- 쌀 1컵(180g)
- 쌀뜨물 270㎖

알아두세요

- 쌀은 첫 번째 씻는 물을 흡수하기 때문에 꼭 정수된 물로 씻으세요.

이렇게 만들어요

1. 밤콩은 깨끗이 씻어 하루 정도 불려 주세요.
2. 쌀은 물에 3번 씻은 후, 쌀이 잠기도록 물을 붓고 30분간 불리세요.
3. 불린 쌀은 체에 밭치고 거른 쌀뜨물은 냄비에 부어요.
4. 쌀과 불린 밤콩을 냄비에 넣고 강불에서 끓여 주세요.
5. 쌀이 끓어오르면 중약불로 바꿔 15분간 끓인 뒤 불을 끄고 10분간 뜸들여요.

따뜻한 국물 없이는 밥 안 먹는 아이들이 많죠? 맛깔스럽게 끓인 오징어국에 밥 한 그릇 후루룩 말아 먹으면 하루가 든든해요.
고춧가루를 약간 넣어 칼칼하게 끓였어요.

오징어국

봄 12주

재료

- 오징어 210g
- 무 90g
- 파 30g
- 멸치육수 3컵
- 국간장·다진 마늘 1큰술씩
- 참기름 1/2큰술
- 고춧가루 1작은술

알아두세요

- 무와 오징어를 볶을 때 고춧가루를 미리 넣어 볶으면 고춧가루가 불어서 국물 맛이 더 깊어요.

이렇게 만들어요

1. 오징어는 내장을 손질하고 몸통의 껍질을 제거한 후 먹기 좋은 크기로 썰어요.
2. 무는 껍질을 벗기고 2cm 크기로 나박 썰고 파는 송송 썰어요.
3. 냄비에 참기름과 무를 넣고 약불에서 투명해질 때까지 볶아요.
4. ③에 오징어를 넣고 약불에서 볶다가 반쯤 익으면 고춧가루를 넣고 타기 전에 멸치육수 2큰술을 넣어 달달 볶아요.
5. 멸치육수를 붓고 강불에서 끓인 후 국간장, 다진 마늘을 넣고 한소끔 끓이세요. 파를 넣고 불을 끄세요.

봄 12주

불포화지방산이 풍부한 호두는 두뇌음식으로 잘 알려져 있지요. 껍질을 벗긴 호두를 샀을 때는 한 번 볶아서 요리하면 떫은맛도 없어지고 더 고소해요. 멸치 대신 김을 넣고 짭조름하게 조려 밥반찬으로 좋아요.

호두김조림

재료
- 호두 80g
- 김 8장(25g)

양념
- 포도씨유·물 2큰술씩
- 청주·아가베시럽 1큰술씩
- 간장 1과 1/2작은술
- 설탕·통깨 2작은술씩

이렇게 만들어요

1 김은 살짝 구운 뒤 비닐팩에 넣고 부숴 주세요.

2 호두는 끓는 물에 살짝 데친 후 물기를 제거하고 마른 팬에 노릇하게 볶아 주세요.

3 프라이팬에 통깨를 제외한 분량의 양념 재료를 넣고 끓이세요.

4 바글바글 끓으면 김과 호두를 넣고 빠르게 섞은 뒤 불을 끄고 통깨를 뿌려요.

알아두세요
- 호두를 팬에 볶아 전처리를 하면 견과류 특유의 누린내가 없어져요.

봄 12주

아삭하게 데친 콩나물과 어묵을 새콤하게 무친 냉채요리예요. 콩나물은 물을 약간만 넣고 데쳐야 아삭아삭하게 먹을 수 있어요. 아이 입맛에 따라 겨자 양은 조절하세요.

어묵콩나물냉채

재료
- 콩나물 130g
- 어묵 100g
- 오이·파프리카 40g씩

소스
- 식초 1과 1/2큰술
- 설탕 1큰술
- 참기름·어간장 1작은술씩
- 연겨자 1/4작은술
- 통깨 약간

이렇게 만들어요

1 볼에 통깨를 제외한 분량의 소스 재료를 넣고 섞어요.

2 냄비에 콩나물을 넣고 콩나물의 1/3 정도 높이까지만 물을 부어 끓여요. 끓어오르면 약불로 낮춰 5분간 더 끓인 뒤 불을 끄고 5분간 두었다 콩나물을 건져요.

3 삶은 콩나물은 재빨리 얼음물에 담가 건진 뒤 체에 받쳐 냉장고에 넣어요.

4 어묵은 끓는 물에 한 번 데친 뒤 0.7cm 폭으로 채 썰어요. 오이는 껍질을 돌려 깎은 뒤 채 썰고 파프리카도 씨를 제거하고 채 썰어요.

5 볼에 콩나물, 어묵, 오이, 파프리카를 담고 소스를 넣어 버무린 뒤 통깨를 뿌리세요.

알아두세요
- 오이는 굵은소금으로 문질러 씻어야 색이 변하지 않아요.
- 오이는 돌려 깎은 뒤 씨 부분은 제외하고 채 썰어야 아삭아삭해요.

봄
12주

밥상 위의 단골 메뉴 감자를 70% 정도 익힌 뒤 새우와 마늘종과 함께 마요네즈소스로 볶았어요. 색감이 예쁘고 맛도 고소해 아이, 어른할 것 없이 모두 만족할 거예요. 마늘종 대신 브로콜리를 넣어도 잘 어울려요.

마늘종감자새우볶음

- 감자 230g
- 새우 10마리(180g)
- 마늘종 65g
- 포도씨유 1큰술
- 마늘 2톨
- 소금 2작은술

채소 밑간
- 오레가노가루 1/4작은술
- 소금 1꼬집
- 후춧가루 약간

새우 밑간
- 오레가노가루 1/4작은술
- 소금 1꼬집
- 후춧가루 약간

양념
- 마요네즈 2큰술
- 설탕 1작은술
- 후춧가루 약간

 이렇게 만들어요

1. 감자는 껍질을 벗겨 지그재그로 썰어요. 냄비에 감자와 소금을 넣고 끓여 살캉하게 익힌 뒤 물기를 제거해요. 마늘종은 5cm 길이로 잘라 끓는 물에 소금을 약간 넣고 데친 뒤 찬물에 헹궈요.

2. 새우는 손질하고 칼로 등을 갈라 이쑤시개로 내장을 제거해 씻어요. 밑간 재료를 뿌려 잠시 두세요.

3. 볼에 마늘종과 삶은 감자를 담고 소금, 오레가노가루, 후춧가루를 넣고 밑간해요.

4. 달군 프라이팬에 포도씨유를 두르고 편 썬 마늘을 넣고 약불에서 향이 날 때까지 볶아요.

5. ③을 넣고 감자가 익을 때까지 볶다가 새우를 넣고 볶아요. 분량의 양념을 넣고 버무리면서 볶아 완성해요.

알아두세요
- 마요네즈를 넣고 오래 볶으면 분리되므로 빠르게 버무리듯 볶아주세요.
- 오레가노가루가 없다면 파슬리가루 등 다른 허브로 대체하셔도 됩니다.

봄 13주

흰쌀밥 + 닭곰탕 + 마늘종햄파프리카볶음 + 미역줄기초무침 + 파프리카깍두기

봄
13주

봄이면 노곤노곤해져서 잠이 쏟아지죠. 이럴 때는 아이들도 보양할 음식이 필요해요. 닭을 푹 끓여 뽀얗게 국물 낸 닭곰탕은 그 정성만큼 맛도 기가 막힙니다. 좀 번거롭더라도 날 잡고 끓이면 엄마의 정성이 가득한 보양식으로 원기충전이 된답니다.

닭곰탕

재료
- 닭 1마리(1kg)
- 물 14컵
- 양파 150g
- 파 80g
- 마늘 50g

이렇게 만들어요

1. 닭은 내장을 제거한 속 부분을 훑어가며 흐르는 물로 씻어요. 닭꽁지는 가위로 자르세요.

2. 냄비에 닭과 양파, 마늘, 파를 넣고 물 12컵을 부어 강불에 끓여 주세요.

3. 끓어오르면 중약불로 낮춰 약 50분간 끓여요. 중간중간 불순물을 거둬 주세요.

4. 채소는 건져내고 닭은 볼에 담아 살만 발라요. 이때 닭뼈는 버리지 마세요.

5. 다시 ③의 냄비에 닭뼈와 물 2컵을 붓고 뚜껑을 덮어 강불에서 끓이세요. 끓어오르면 중약불로 낮춰 40분간 끓여요. 그릇에 살코기를 담고 국물을 부어요.

알아두세요
- 더 진한 육수를 원하시면 완성된 곰탕에 닭살을 넣고 우르르 끓이세요.
- 닭뼈를 다시 넣고 한 번 더 끓이면 육수가 뽀얗고 맛도 깊어요.

혹시나 아이들에게는 매울 수도 있는 마늘종이라 좀 오래 데치고 야들야들해질 때까지 볶았어요.
파프리카도 알록달록 색색깔로 넣으면 색감이 참 예뻐요. 여기에 햄도 넣으면 아이들이 더 좋아하겠죠.

마늘종햄파프리카볶음

재료
- 마늘종·양파 65g씩
- 햄 60g
- 파프리카(빨간색·노란색) 50g씩
- 소금 1꼬집
- 포도씨유 약간

양념
- 칠리소스 1큰술
- 토마토케첩 1작은술
- 간장·설탕 1/2작은술씩
- 후춧가루 약간

알아두세요
- 아이들은 마늘종이 맵다고 느낄 수 있으므로 좀 더 오래 데쳐 주세요.

이렇게 만들어요

1. 마늘종과 햄, 파프리카는 5cm 길이로 써세요. 양파는 0.7cm 폭으로 채 썰어요.
2. 마늘종은 끓는 물에 소금을 넣고 데쳐 찬물에 헹궈 물기를 빼세요. 햄도 끓는 물에 살짝 데쳐서 건져요.
3. 볼에 분량의 양념 재료를 넣고 섞어요.
4. 달군 프라이팬에 포도씨유를 두르고 마늘종과 파프리카를 넣고 소금 1꼬집을 넣고 볶으세요. 데친 햄을 넣고 볶은 후 양념을 넣고 버무리세요.

흔히 미역줄기는 볶아서 많이 먹는데 오늘은 새콤달콤하게 무쳐봤어요.
오래 두면 식초 때문에 색이 변하니 밥상 차리기 전 바로 무쳐서 빨리 먹는 게 좋아요.

미역줄기초무침

봄 13주

재료

- 미역줄기 300g
- 배 135g
- 파프리카 35g
- 소금 2작은술

양념

- 식초 3큰술
- 매실액·설탕 1큰술씩
- 다진 마늘·참기름·통깨 1작은술씩
- 소금 1/4작은술

알아두세요

- 찬물에 담가둔 미역줄기는 조금 먹어보고 짠맛이 나지 않을 때 데쳐 주세요.
- 양념 재료를 섞은 뒤 작은 체에 받쳐 재료 위에 부으면 다진 마늘이 걸러져 아이가 잘 먹어요.

이렇게 만들어요

1. 미역줄기는 흐르는 물에 씻어 소금기를 제거한 뒤 찬물에 담가 30분간 두세요.
2. 끓는 물에 소금을 넣고 미역줄기가 짙은 초록색이 되면 건져 체에 받쳐 주세요.
3. 배는 껍질과 씨를 제거하고 4cm 길이로 채 썰어요. 파프리카는 씨를 도려내고 배와 같은 길이로 채 썰어요.
4. 볼에 미역줄기와 파프리카를 담고 분량의 양념 재료를 넣어 버무리세요. 배를 넣고 살살 섞어 주세요.

여름
summer

여름 1주

흰쌀밥 + 오이지냉국 + 오이참외생채 + 사태메추리알장조림 + 김치떡잡채

여름철 오이지냉국은 다른 반찬이 없어도 밥이 술술 넘어가게 해주지요. 미리 오이지에 양념을 해 냉장고에 두면 언제든지 물과 얼음만 부어 쉽게 만들 수 있어요. 얼음이 살짝 녹았을 때가 제일 맛있어요.

오이지냉국

여름 1주

1

2

3

재료

- 오이지 130g
- 물 1/2컵
- 얼음 8~10개(130g)
- 쪽파 10g

양념

- 설탕·식초 1큰술씩
- 어간장 1작은술

이렇게 만들어요

1 오이지는 모양대로 얇게 썰어 체에 밭쳐 찬물에 헹구세요. 오이지는 찬물에 담가 5~10분간 두어 짠맛을 없애요.

2 오이지를 면포에 넣고 물기를 꼭 짜 주세요.

3 볼에 오이지를 넣고 분량의 양념과 송송 썬 쪽파를 넣고 조물조물해 10분간 두세요. 물과 얼음을 넣어 완성해요.

여름철 가장 만만한 참외와 오이를 양념에 조물조물 무쳐봐요. 가끔 참외가 맛이 없을 때 이렇게 오이와 함께 생채를 만들어요.
미리 양념 재료를 섞어 숙성해두면 고춧가루가 수분을 흡수해 맛있어요.

오이참외생채

재료

- 오이 1과 1/2개(265g)
- 참외(큰 것) 1/2개(265g)
- 소금 1/2작은술

양념
- 설탕 2작은술
- 고춧가루·식초·참기름 1작은술씩
- 국간장 1/2작은술

이렇게 만들어요

1. 오이는 씻어 길게 반 잘라 숟가락으로 씨를 판 뒤 반달 모양으로 썰어 소금에 절여 주세요.
2. 참외는 껍질을 벗기고 씨를 판 뒤 오이와 같은 크기로 나박 썰어요.
3. 볼에 참기름을 제외한 분량의 양념 재료를 넣고 섞어 냉장고에서 숙성시키세요.
4. 절인 오이는 물기를 꼭 짜서 볼에 담고 참외도 같이 넣어요. 양념과 참기름을 넣고 조물조물 무쳐 주세요.

소고기메추리알장조림은 아이, 어른할 것 없이 즐겨 먹는 밥반찬이지요. 사태는 삶을수록 육 질이 연해지므로 푹 삶아서 장조림을 해 주세요. 간장을 일찍 넣으면 질겨지므로 고기를 충분히 삶은 뒤 양념을 넣으세요.

사태메추리알장조림

여름 1주

재료
- 소고기(사태) 220g
- 메추리알 20개(200g)
- 물 1ℓ
- 청주 1/2컵
- 사과 110g
- 양파 60g
- 마늘 4톨
- 통후추 1/2작은술

양념
- 간장 2큰술
- 설탕·청주 1큰술씩

알아두세요
- 사태는 살짝 데치면 속에 남아 있던 핏물이 배어 나와서 맛이 깔끔해요.
- 사태를 40분간 끓이면 물 양이 1/4로 줄어요. 이 육수로 양념장을 만들면 감칠맛이 나요.

이렇게 만들어요

1. 사태는 덩어리째로 찬물에 담가 30분간 핏물을 빼세요. 끓는 물에 사태를 넣어 살짝 데친 다음 물을 따라 버리세요.
2. 다시 냄비에 물, 청주, 사과, 양파, 마늘, 통후추를 넣고 끓여요. 끓어오르면 사태를 넣고 약불에서 50분간 끓여요. 체에 밭쳐 사태만 건져 손으로 쭉쭉 찢어 주세요.
3. 냄비에 메추리알과 물을 붓고 끓여 삶은 다음 찬물에 헹궈 껍질을 까요.
4. 냄비에 고기를 삶은 육수 2컵과 분량의 양념 재료를 넣은 뒤 끓으면 사태와 메추리알을 넣어요. 끓어오르면 약불로 줄여 자작해질 때까지 졸여요.

김치를 못 먹는 아이들이 참 많지요. 약간 신맛이 든 김치와 떡을 볶아 잡채를 만들었어요.
부드럽고 고소한 맛이 나 김치 특유의 향을 싫어하는 아이도 잘 먹어요. 오후 간식으로 활용해도 좋습니다.

김치떡잡채

여름 1주

재료

- 떡 300g
- 김치 185g
- 양파 60g
- 어묵 50g
- 피망 30g
- 포도씨유 2큰술
- 소금 1꼬집

떡 밑간

- 간장 2작은술
- 참기름 1작은술

양념

- 간장·올리고당 1/2큰술씩
- 설탕·다진 마늘 1작은술씩
- 후춧가루 약간

알아두세요

- 떡은 오래 데치면 물러지므로 살짝만 데치세요.
- 김치는 고소한 냄새가 날 때까지 볶아 주세요.

이렇게 만들어요

1. 떡은 끓는 물에 살짝 데친 뒤 분량의 밑간 재료를 넣고 조물조물한 후 잠시 두세요.
2. 김치는 속을 털고 살짝 씻은 뒤 폭 0.7cm, 길이 4cm로 채 썰어요.
3. 양파, 어묵, 피망은 김치와 같은 크기로 채 썰어요. 볼에 양념 재료를 넣고 섞어요.
4. 달군 프라이팬에 포도씨유 1큰술을 두르고 김치를 볶아요. 볶은 김치는 한쪽으로 몰고 다시 포도씨유 1큰술을 두른 뒤 양파와 피망, 소금을 넣고 볶으세요.
5. 양파가 투명해지면 어묵을 넣고 볶은 뒤 모두 섞어요. 떡과 양념을 넣고 버무려요.

여름
2주

흰쌀밥 · 새우순두부국 · 소시지배추찜 · 삼치씨겨자마요구이 · 토마토마리네이드

보통 달걀을 풀어 순두부를 넣고 국을 끓였는데 이제 제법 아이가 컸으니 고춧가루를 넣어봤어요.
어른이 먹는 순두부찌개처럼 얼큰하지는 않지만 아이에게는 색다른 경험이 될 것 같아요.

새우순두부국

여름 2주

재료
- 순두부 200g
- 새우 4~5마리(140g)
- 양송이버섯 35g
- 파 15g
- 멸치육수 3컵

양념
- 어간장 1큰술
- 고춧가루·다진 마늘 1작은술씩
- 고추장·된장 1/2작은술씩

알아두세요
- 아이가 어릴 경우 고춧가루와 고추장 양은 줄이고 모자란 간은 소금으로 하세요.
- 새우는 오래 끓이면 질겨지므로 순두부와 함께 넣어요.

이렇게 만들어요

1. 새우는 등의 2~3번째 마디에 이쑤시개를 넣어 내장을 뺀 뒤 깨끗이 씻으세요.
2. 양송이버섯은 모양대로 편 썰고 파는 송송 썰어요.
3. 냄비에 멸치육수를 넣고 끓으면 분량의 양념 재료를 풀어 넣으세요.
4. 다시 한 번 끓으면 순두부와 새우를 넣고 뚜껑을 덮고 잠시 끓이세요.
5. 국이 끓어오르면 양송이버섯과 파를 넣어 완성해요.

쫀득쫀득한 비엔나소시지와 배추를 넣고 국물이 자작하게 조렸어요.
소시지와 배추, 토마토의 단맛이 어우러져 맛있어요. 치킨스톡이 없을 땐 닭육수를 넣고 만드세요.

소시지배추찜

여름 2주

재료

- 비엔나소시지 130g
- 방울토마토 100g
- 배추 60g
- 양파 35g
- 물 1과 1/2컵
- 치킨스톡 2g
- 설탕 1작은술

알아두세요

- 치킨스톡이 없을 때는 물 5컵과 닭다리 2개, 양파 60g을 푹 끓여 닭육수를 만들어요. 물 대신 육수를 넣으면 됩니다.

이렇게 만들어요

1 비엔나소시지는 칼집을 넣고 끓는 물에 데쳐 건져요.

2 방울토마토는 씻어 꼭지를 떼고 반 자르세요. 양파는 사방 1.5cm 크기로 깍둑 썰어요. 배추는 1.5cm 폭으로 썰어요.

3 냄비에 물과 치킨스톡, 비엔나소시지, 방울토마토, 양파를 넣고 끓여요.

4 국물이 끓으면 배추와 설탕을 넣고 약약불에서 5~10분간 찐 뒤 불을 끄세요.

살이 부드러운 삼치는 마요네즈 양념을 발라 구우면 고소해서 별미입니다. 겨자씨를 거칠게 부숴 식초와 향신료를 첨가해서 만든 씨겨자를 넣어 삼치의 잡냄새를 없애고 톡톡 씹히는 식감을 살렸어요.

삼치씨겨자마요구이

재료	· 삼치 220g	· 포도씨유 약간
	· 쪽파 10g	
삼치 밑간	· 청주 2작은술	· 후춧가루 약간
	· 소금 2꼬집	
양념	· 마요네즈 3큰술	· 씨겨자 1/2작은술
	· 레몬즙 1큰술	
	· 간장·청주·설탕·올리고당 1작은술씩	

이렇게 만들어요

1 삼치는 머리와 내장을 제거한 뒤 뼈를 칼로 도려내요. 핀셋으로 잔가시를 빼고 한 입 크기로 썰어요. 분량의 밑간 재료를 뿌려요.

2 볼에 분량의 양념 재료를 담고 고루 섞어요.

3 달군 프라이팬에 포도씨유를 두르고 중불에서 밑간한 삼치를 앞뒤로 노릇하게 구워요.

4 삼치가 반쯤 익으면 양념을 붓으로 발라가며 구워요.

알아두세요
· 씨겨자는 톡 쏘는 맛이 있어서 너무 많이 넣지 않도록 주의하세요.
· 삼치는 손질한 것으로 구입하면 편해요. 하지만 잔가시가 많으므로 꼭 확인하세요.

여름 2주

날이 더워지면 상큼하고 입맛을 돋우는 음식이 당기기 마련이에요. 껍질을 제거한 토마토마리네이드를 한 입 베어 물면 토마토즙과 함께 새콤한 드레싱이 터져 나와 입 안 가득 싱그러움이 가득할 거예요. 꼭 냉장고에 두었다가 드세요.

토마토마리네이드

재료
- 방울토마토 300g
- 양파 25g
- 소금 1/2작은술

드레싱
- 식초·올리브오일 2큰술씩
- 아가베시럽 1큰술
- 소금 1/4작은술
- 후춧가루·바질가루 약간씩

이렇게 만들어요

1. 방울토마토는 씻어 꼭지를 떼고 윗부분에 열십자로 칼집을 내요. 양파는 작게 다져 주세요.
2. 끓는 물에 소금과 방울토마토를 넣고 10초간 데쳐요.
3. 데친 방울토마토는 흐르는 물에 씻으면서 껍질을 벗긴 후 물기를 제거하세요.
4. 볼에 올리브오일을 제외한 드레싱 재료를 넣고 섞은 뒤 방울토마토를 넣고 버무려요. 올리브오일을 넣고 섞어요.

알아두세요

- 양파는 찬물에 30분간 담가 매운맛을 빼고 사용해요.
- 바질가루가 없다면 파슬리가루를 넣어서 꼭 허브 향을 내 주세요.
- 방울토마토를 데칠 때는 1~2개 정도 껍질이 벗겨질 때 바로 건지세요.

여름 3주

완두콩밥 + 샤부샤부과일냉채 + 새우가스 + 김치참치찌개 + 가지찜무침

달콤한 완두콩은 저렴하게 구입할 수 있어요.
껍질 벗긴 완두콩은 소분해서 냉동실에 얼려두었다가 여름철 밥 지을 때마다 넣으면 좋답니다.

완두콩밥

여름 3주

재료

- 완두콩 35g
- 쌀 1컵(180g)
- 쌀뜨물 270㎖

이렇게 만들어요

1 쌀은 물에 3번 씻은 뒤 쌀이 잠기도록 물을 붓고 30분간 불려요.

2 완두콩은 껍질을 벗기고 물에 가볍게 씻으세요.

3 불린 쌀은 체에 밭치고 거른 쌀뜨물은 분량만큼 남기세요. 냄비에 쌀과 쌀뜨물을 부어 강불에서 끓이다가 끓어오르면 중약불로 바꿔 15분간 끓여 주세요.

4 완두콩을 넣고 주걱으로 저은 뒤 불을 끄고 10분간 뜸을 들이세요.

여름철 시원하게 고기를 먹고 싶을 때 샤부샤부냉채가 생각나더라고요. 아이의 관심을 얻기 위해 청포도와 참외 등 과일을 넣어
샤부샤부냉채를 만들었어요. 샤부샤부는 살짝 데친 뒤 바로 얼음물에 넣어주어야 질기지 않아요.

샤부샤부과일냉채

여름 3주

재료
- 소고기(샤부샤부용) 150g
- 청포도·참외·브로콜리 40g씩
- 청주 1큰술
- 통후추 1작은술
- 소금 약간

소스
- 간장·딸기잼·식초·올리브오일 1큰술씩
- 양파 30g

이렇게 만들어요

1 브로콜리는 먹기 좋게 잘라 끓는 물에 소금을 넣고 데쳐 찬물에 헹궈 물기를 제거해요. 청포도는 씻어 알을 4등분하고 참외는 씨를 제거한 뒤 0.5cm 폭으로 채 썰어요.

2 냄비에 물과 통후추를 넣고 끓으면 청주와 소고기를 넣어요.

3 고기가 표면만 익으면 꺼내 얼음물에 담가 물기를 제거해요.

4 올리브오일을 제외한 모든 소스 재료를 믹서에 넣고 간 뒤 올리브오일과 고루 섞어요. 볼에 모든 재료를 담고 소스를 뿌려요.

오늘은 고기 대신 새우로 새우가스를 만들어 봤어요. 살이 부드럽고 달콤해 생각만 해도 침이 꿀딱 넘어가지요. 새우 패티는 한꺼번에 만들어 냉동해두었다가 햄버거 패티로 활용하면 좋아요. 냉동할 때는 수분이 날아가지 않도록 밀봉하는 것 잊지 마세요.

새우가스

재료

- 새우 26마리(430g)
- 양파 50g
- 당근 40g
- 파 20g
- 포도씨유 적당량
- 후춧가루 약간
- 달걀 1개
- 빵가루 80g
- 밀가루 60g

이렇게 만들어요

1. 새우는 머리와 껍질을 손질하고 칼로 등을 갈라 이쑤시개로 내장을 제거한 뒤 물에 씻어요.
2. 양파, 당근, 파는 씻어 적당한 크기로 썰어요.
3. 손질한 새우와 채소를 커터에서 간 뒤 후춧가루를 넣고 섞어요.
4. 반죽을 500원짜리 동전 크기로 동글동글하게 뭉친 뒤 살짝 눌러요.
5. 밀가루 → 달걀물 → 빵가루 순으로 반죽을 고루 묻혀 160℃의 포도씨유에 살짝 튀긴 뒤 180℃로 올려 한 번 더 튀겨 주세요.

알아두세요

- 커터로 재료를 갈 때는 작동 버튼을 눌렀다 뗐다 하면서 굵게 갈아 주세요.
- 따로 간을 안해도 되지만 싱겁다면 소금, 후춧가루를 뿌려요.

김치찌개의 맛을 좌우하는 것은 김치이겠지요. 푹 익어 약간 신맛이 나는 김치로 찌개를 끓였어요.
보통 통조림 참치의 기름을 따라 버리는데 포도씨유 대신 이 기름으로 김치를 볶아 고소한 맛을 살렸어요.

김치참치찌개

재료

- 김치 160g
- 참치(통조림) 150g
- 양파 75g
- 파 15g
- 멸치육수 2와 1/2컵
- 김치국물 2큰술
- 국간장 2작은술
- 참기름·기름(참치 통조림)
  · 설탕 1작은술씩

알아두세요

- 김치찌개에 설탕을 넣으면 감칠맛이 돌아 맛있어요. 설탕을 빼도 무방해요.

이렇게 만들어요

1. 김치는 속을 털고 물로 씻어 먹기 좋게 쫑쫑 썰어요. 양파는 채 썰고 파는 송송 썰어요.
2. 참치는 체에 밭쳐 살코기와 기름을 분리해요.
3. 냄비에 참기름과 기름을 두르고 김치를 약불에서 고소한 향이 날 때까지 볶아요.
4. 멸치육수를 넣고 끓으면 양파와 김치국물, 국간장, 설탕을 넣고 뚜껑을 덮어 약불에서 5분간 끓여요. 참치를 넣고 강불에서 끓인 뒤 파를 넣고 불을 끄세요.

수분이 많은 가지는 보들보들하게 쪄 먹으면 별미지요. 참기에 찍어 부쳐도 맛있고 소금에 절여 무쳐도 해나답니다. 제철인 여름에 많이 만들어 먹이세요.

가지찜무침

여름 3주

재료
- 가지 4개(480g)

양념
- 어간장 4작은술
- 통깨 2작은술
- 설탕 1과 1/2작은술
- 다진 마늘·다진 파·참기름 1작은술씩

알아두세요
- 찐 가지를 꼭 짜면 뭉개질 뿐만 아니라 맛있는 성분이 빠져요. 국자나 손으로 살짝만 짜주세요.

이렇게 만들어요

1 가지는 꼭지를 떼고 3등분하여 반 잘라요. 김 오른 찜통에 가지를 넣고 5분간 쪄요.

2 가지를 찌는 동안 볼에 분량의 양념 재료를 넣고 섞어요.

3 찐 가지는 체에 밭친 뒤 국자로 살짝 눌러 물기를 제거해요. 한 김 식혀 가지를 손으로 쭉쭉 찢으세요.

4 볼에 가지와 양념을 넣고 조물조물 무치세요.

푹푹 찌는 여름이 왔어요. 입맛을 잃고 음료만 찾는 아이에게 시원한 것만 먹일 수는 없지요. 이럴 때는 영양이 듬뿍 든 식재료로 원기 충전을 해주는 건 어떨까요? 양지머리로 맑은 무국을 끓이고 전복도 달달 볶았어요. 여기에 부드러운 달걀찜이면 더위에 지친 몸이 살아난답니다.

흰쌀밥 + 소고기무국 + 고구마브로콜리전 + 전복어묵볶음 + 명란애호박달걀찜

여름
4주

소고기무국은 은근히 맛있게 끓이기가 어렵죠. 소고기로 국을 끓일 때는 양지를 사용하는 것이 가장 좋아요.
양지는 가볍게 끓이면 질기기만 해요. 푹 인내심을 가지고 끓여야 살이 보들보들하고 국물도 감칠맛이 나요.

소고기무국

여름 4주

재료

- 소고기(양지머리) 200g
- 무 150g
- 물 4컵
- 파 15g
- 참기름 2작은술
- 국간장·다진 마늘 1작은술씩
- 소금 1/2작은술

알아두세요

- 소고기는 키친타월에 누르거나 끓는 물에 데쳐 핏물을 제거해야 국물이 깨끗해요.
- 소고기를 볶을 때 국간장으로 간해야 고기에도 간이 배어 맛이 좋아요.

이렇게 만들어요

1. 소고기는 키친타월에 눌러 핏물을 제거하세요. 무는 껍질을 벗기고 0.5cm 두께로 나박 썰고 파는 어슷 썰어요.
2. 냄비에 참기름을 두르고 무를 넣고 약불에서 투명해질 때까지 달달 볶아요.
3. 소고기를 넣고 볶다가 육즙이 나오면 국간장을 넣고 30초~1분간 볶아요.
4. 물을 붓고 강불에서 끓여 주세요. 중간중간 불순물을 걷어내요.
5. 국물이 끓어오르면 소금과 다진 마늘을 넣고 뚜껑을 덮고 약불에서 푹 끓이세요.

간 속은 간식 재료인 고구마는 삶고 구워 먹다 보면 꼭 1개씩 남곤 해요. 이럴 때는 반찬으로 활용해 보세요.
단단한 고구마 안에 브로콜리로 속을 꽉 채운 뒤 전을 만들면 잘 먹는답니다.

고구마브로콜리전

여름
4주

재료

- 고구마 1개(200g)
- 브로콜리 1/2개(75g)
- 달걀 20g
- 소금 1큰술
- 포도씨유 적당량

알아두세요

- 고구마는 프라이팬에 잘 들러붙어요. 포도씨유 1큰술을 두르고 4개를 구우면 적당해요.
- 달걀 양을 늘리면 좀 더 맛이 부드러워요.

이렇게 만들어요

1. 고구마는 씻어 냄비에 넣고 고구마가 반쯤 잠기도록 물을 부어 20분간 삶아요.
2. 끓는 물에 소금과 브로콜리를 넣어 데친 뒤 찬물에 헹궈 물기를 제거해요.
3. 삶은 고구마는 껍질을 벗긴 뒤 으깨고 브로콜리는 곱게 다져 주세요.
4. 볼에 고구마와 브로콜리를 넣고 섞은 뒤 달걀을 넣고 버무려요. 아이가 먹기 좋은 크기로 동글납작하게 빚어 주세요.
5. 달군 프라이팬에 포도씨유를 두르고 반죽을 올려 앞뒤로 노릇하게 구워요.

여름 4주

전복은 그냥 썰어 먹어도 맛있지만 버터에 볶으면 쫀득쫀득해져 맛이 기가 막혀요. 어묵과 비타민 등 여러 가지 식재료를 넣고 함께 볶으면 영양 가득한 반찬이 완성됩니다.

전복어묵볶음

재료

- 전복 3개(180g)
- 어묵 165g
- 양파 85g
- 비타민 35g
- 버터 10g
- 포도씨유 2큰술
- 올리고당 2작은술
- 소금 1꼬집

전복 밑간
- 생강술 2작은술
- 소금 1꼬집
- 후춧가루 약간

양념
- 간장 1/2큰술
- 설탕·다진 마늘 1작은술씩

이렇게 만들어요

1 전복은 깨끗이 씻어 숟가락으로 내장까지 훑어낸 뒤 살만 분리해요. 칼로 이빨을 제거하고 먹기 좋게 썰어요. 분량의 밑간 재료를 넣고 10분간 재워요.

2 끓는 물에 어묵을 넣고 살짝 데친 뒤 0.7cm 폭으로 채 썰어요. 비타민은 씻어 물기를 제거하고 양파는 채 썰어요.

3 달군 프라이팬에 버터를 넣고 약불에서 살짝 녹인 후, 전복을 넣고 볶아 그릇에 덜어 주세요.

4 다시 달군 프라이팬에 포도씨유를 두르고 양파와 소금을 넣고 볶으세요. 어묵을 넣고 볶다가 분량의 양념과 비타민을 넣고 숨이 약간 죽으면 불을 끄세요.

5 ④에 구운 전복과 올리고당을 넣고 섞으세요.

여름 4주

뚝배기 위에 봉긋하게 올라오는 달걀찜을 만들었어요. 짭조름한 명란을 넣어 감칠맛을 더했습니다. 살짝 익힌 뒤 숟가락으로 휘휘 저어주면 봉긋한 모양이 완성됩니다. 식으면 바로 주저앉으므로 뜨거울 때 숟가락으로 푹 떠 주세요.

명란애호박달걀찜

재료

- 달걀 2개
- 애호박 60g
- 명란 15g
- 멸치육수 110㎖
- 쪽파 10g
- 참기름 1작은술
- 새우젓 1/2작은술

이렇게 만들어요

1. 명란은 가위로 껍질을 갈라 칼등으로 살만 긁어 주세요. 애호박은 작게 깍둑 썰고 쪽파는 송송 썰어요.
2. 달걀을 곱게 푼 뒤 명란과 다진 새우젓을 넣고 섞으세요.
3. 붓으로 뚝배기에 참기름을 발라 주세요.
4. ③에 멸치육수와 애호박을 넣고 강불에서 끓여 주세요.
5. 국물이 끓으면 ②를 넣고 숟가락으로 휘휘 저어요. 뚜껑을 덮어 15초간 설익힌 뒤 다시 휘휘 저어 공기를 넣어요. 쪽파를 올려 약약불에서 5분간 끓인 뒤 불을 끄고 잠시 뜸들여요.

알아두세요

- 소금을 넣지 않아도 명란의 짠맛 때문에 간이 맞아요. 혹시 싱겁다면 소금으로 간을 하세요.

여름 5주

전복죽 + 갈치카레구이 + 숙주단무지무침 + 매운감자조림

여름 5주

아이가 아플 때나 힘이 없어 보일 때 끓여주는 전복죽이에요. 내장은 그대로 넣으면 질길 수 있으니 터트려서 내장 속만 넣으세요. 내장은 미리 볶아서 죽 끓일 때 넣어야 비린내가 덜하답니다.

전복죽

재료
- 전복 3마리(140g)
- 쌀 1컵(180g)
- 물 3과 1/2컵
- 참기름·내장 1큰술씩
- 소금 1/4작은술

이렇게 만들어요

1. 쌀은 씻어 1시간 불린 뒤, 채반에 밭쳐 물기를 빼 주세요.
2. 전복은 씻어 숟가락으로 내장까지 훑어 살을 분리해요. 이빨은 칼로 도려내고 살은 작게 다져 주세요.
3. 냄비에 참기름을 두르고 살과 내장을 터트려 넣고 볶아 주세요.
4. 쌀을 넣고 약불에서 볶다가 물을 조금씩 나눠 넣으며 볶으세요.
5. 쌀이 투명하게 볶아지면 약불에서 쌀이 부드러워지도록 끓인 뒤 소금으로 간해 완성하세요.

알아두세요
- 죽을 끓일 때 자주 저으면 끈기가 생겨 빡빡해져요. 부드러운 죽을 원하면 가끔 저으세요.
- 쌀이 불기 전에 물이 많이 줄면 뜨거운 물을 조금씩 추가하세요.

여름 5주

갈치는 그냥 구워 먹어도 맛있지만 가끔은 카레가루에 묻혀 구우면 별미가 되지요. 카레가루와 찹쌀가루를 섞어주면 껍질이 더 바삭바삭해진답니다.

갈치카레구이

재료
- 갈치 300g
- 카레가루·찹쌀가루 2큰술씩
- 소금 1/4작은술
- 포도씨유 약간

 이렇게 만들어요

1. 갈치는 3등분하여 껍질을 칼등으로 살짝 벗긴 뒤 물로 씻고 키친타월로 물기를 제거하세요. 칼집을 넣은 뒤 소금을 뿌려 잠시 두어요.
2. 볼에 카레가루와 찹쌀가루를 넣고 섞으세요.
3. ②와 손질한 갈치를 비닐팩에 넣고 흔들어 주세요.
4. 달군 프라이팬에 포도씨유를 약간 두르고 갈치를 앞뒤로 구워 주세요.

알아두세요
- 손질한 갈치는 찹쌀가루만 묻혀서 구워도 맛있어요. 식감이 바삭할 뿐 아니라 갈치 모양이 반듯하게 구워져요.

아이들은 쌉싸름한 단무지를 참 좋아합니다. 김밥 말고 나면 꼭 남는 애물단지 단무지로 무침을 했어요.
햄반하면 색소가 들어가지 않은 단무지로 구입한 뒤 물에 담가 짠기를 없애고 요리하세요.

숙주단무지무침

여름 5주

재료

- 숙주 135g
- 단무지 125g
- 소금 약간

양념
- 다진 파 2작은술
- 고춧가루·매실액·설탕
  ·식초·참기름·통깨
  1작은술씩
- 소금 1/4작은술

이렇게 만들어요

1. 단무지는 곱게 채 썰어 찬물에 15분간 담가 짠맛을 뺀 뒤 물기를 제거하세요.
2. 숙주는 씻어 끓는 물에 소금을 넣고 살짝 데친 후 체에 밭쳐 그대로 식혀 주세요.
3. 볼에 채 썬 단무지와 식힌 숙주를 담고 분량의 양념 재료를 넣고 고루 버무려 무치세요.

고추장을 이용해서 매운 감자조림을 만들 거예요. 아직 어린아이라면 고추장 양을 1작은술 줄이거나 아예 빼세요.
자극은 아이새호호 힘으로 불어가며 먹는 반찬도 즐길 수 있도록 신경쓰세요.

매운감자조림

여름 5주

재료

- 감자 400g
- 멸치육수 150㎖
- 포도씨유 1큰술
- 소금 1/4작은술
- 검정깨 약간

양념

- 올리고당 1큰술
- 고추장·설탕 2작은술씩
- 고춧가루·국간장·진간장
  ·다진 마늘 1작은술씩

이렇게 만들어요

1. 감자는 씻어 껍질을 벗기고 사방 1.5㎝ 크기로 깍둑 썰어요.

2. 냄비에 물을 붓고 끓으면 소금 1/4작은술과 감자를 넣고 중약불에서 3분간 삶아요. 감자는 물에 씻어 체에 밭쳐 주세요.

3. 냄비에 포도씨유를 두르고 감자와 소금 2꼬집을 넣어 살짝 볶아요. 감자가 코팅되면 멸치육수를 넣고 끓여요.

4. 올리고당을 제외한 양념 재료를 넣고 약불에서 조린 뒤 국물이 졸아들면 올리고당을 넣고 섞어 검정깨를 뿌려요.

여름 6주

비트수제비 + 옥수수전 + 연어숙주무침 + 파프리카김치

여름
6주

자줏빛 색이 고운 비트는 면역력을 높이고 변비와 빈혈을 예방해준다고 해요. 이렇게나 좋은 재료를 아이에게 어떻게 먹일 수 있을까 고민하다가 수제비를 떠올렸어요. 비트물로 수제비 반죽을 하면 색도 곱지만 비트의 쌉쌀한 맛이 완화돼 아이도 잘 먹더라고요. 장마철 비트수제비를 힘껏 추천합니다.

비트수제비

재료	• 멸치육수 3컵 • 양파 50g • 애호박 35g	• 김 1장 • 깨소금 1작은술 • 소금 1/4작은술
반죽	• 밀가루 120g • 비트·물 85g씩	• 소금 1/2작은술

이렇게 만들어요

1. 믹서에 비트와 물을 넣고 간 뒤 체에 밭쳐 즙만 받아 주세요. 이때 비트즙은 65㎖만 사용해요.
2. 볼에 밀가루와 소금을 담고 비트즙을 조금씩 넣어가며 섞어요. 한 덩어리가 되면 반죽을 5~10분간 치대요.
3. 반죽을 랩으로 싼 뒤 비닐팩에 넣어 1시간 숙성시켜요.
4. 양파와 애호박은 채 썰고 김은 구워서 비닐팩에 넣어 부숴 주세요.
5. 냄비에 멸치육수를 붓고 팔팔 끓으면 비트 반죽을 손으로 얇게 뜯어 넣으세요.
6. 양파와 애호박을 넣고 소금 간을 한 뒤 한소끔 끓여 그릇에 담으세요. 김가루와 깨소금을 뿌리세요.

알아두세요

- 수제비 반죽은 반드시 멸치육수가 팔팔 끓을 때 넣으세요. 동동 뜨면 익은 거랍니다.
- 수제비를 뜰 때, 손에 물을 묻히면 잘 뜯어져요.
- 반죽은 하루 전에 만들어 냉장 숙성하면 더욱 쫄깃해요.

씹으면 톡톡 터지는 식감이 재미있고 맛있는 옥수수전이에요. 삶은 옥수수보다 옥수수 통조림을 사용하는 게 더 잘 어울려요. 옥수수와 함께 아이들이 잘 먹지 않는 채소를 잘게 썰어 넣으면 눈속임할 수 있어요.

옥수수전

여름
6주

재료

- 옥수수(통조림) 195g
- 당근 30g
- 쪽파 10g
- 물·포도씨유 1큰술씩

부침 페이스트

- 달걀 25g
- 밀가루 5큰술
- 양파즙 1과 1/2큰술
- 찹쌀가루 1큰술
- 설탕 2작은술
- 다진 마늘·국간장 1작은술씩

알아두세요

- 전을 부칠 때는 팬을 충분히 달군 뒤 포도씨유를 좀 넉넉하게 둘러야 맛있게 구워진답니다.

이렇게 만들어요

1. 옥수수는 흐르는 물에 씻은 뒤 체에 받쳐 물기를 제거해요.
2. 당근은 껍질을 벗겨 사방 0.5cm 크기로 다져요. 쪽파도 작게 썰어요.
3. 볼에 분량의 부침 페이스트 재료를 넣고 섞은 뒤 물을 넣고 고루 저어요. 옥수수, 당근, 쪽파를 넣고 섞으세요.
4. 달군 팬에 포도씨유를 두르고 반죽을 숟가락으로 떠 올리세요. 중불에서 노릇하게 앞뒤로 구워요.

DHA가 풍부한 연어는 브레인 푸드로 아이들 엄마들이 많이 먹이곤 하지요. 구워만 먹던 연어를 오늘은 아삭한 숙주와 맛깔스러운 소스에 무쳐봤어요. 손질된 연어에도 가시가 있으므로 꼭 제거하고 요리하세요.

연어숙주무침

여름 6주

재료

- 숙주 150g
- 연어 110g
- 피망 40g
- 소금 1작은술
- 포도씨유 약간

연어 밑간
- 청주 1큰술
- 소금 1꼬집
- 후춧가루 약간

소스
- 마요네즈 2큰술
- 유자청 2작은술
- 씨겨자·설탕 1/2작은술씩
- 소금 2꼬집

알아두세요

- 연어는 자체에서 기름이 나오므로 포도씨유를 두르고 구우면 느끼해요.

이렇게 만들어요

1. 연어는 껍질을 제거한 후 분량의 밑간 재료를 뿌려 20분간 재워요.
2. 마른 팬에 연어를 구운 뒤 젓가락으로 부숴 그릇에 담아 주세요.
3. 피망은 씨를 제거하고 0.5cm 폭으로 채 썰어 달군 프라이팬에 포도씨유를 두르고 소금을 뿌린 뒤 볶아요.
4. 끓는 물에 소금을 넣고 숙주를 살짝 데친 뒤 체에 밭쳐 그대로 식혀 주세요.
5. 볼에 구운 연어, 피망, 데친 숙주를 담고 분량의 소스 재료를 넣어 버무려요.

여름 7주

흰쌀밥 + 근대소고기국 + 메추리알코브샐러드 + 깻잎멸치찜 + 어묵곤약조림

근대는 된장과 잘 어울리는 토속적인 채소입니다. 보통 억센 줄기보다는 잎을 사용하지만
억세지 않은 것은 그대로 데쳐 요리해도 좋아요. 칼슘을 물론 무기질과 비타민이 풍부해서 성장기 아이에게 참 좋아요.

근대소고기국

여름 7주

재료

- 소고기(양지머리) 150g
- 근대 100g
- 물 4컵
- 된장 1큰술
- 다진 마늘·참기름 1작은술씩
- 소금 약간

알아두세요

- 소고기국은 고기와 물을 붓고 끓이는 것보다 약불에서 고기를 볶다가 물을 붓고 끓여야 국물 맛이 더 깊어요.
- 중간중간 생기는 거품은 숟가락으로 걷어 주세요.

이렇게 만들어요

1. 소고기는 키친타월에 올린 뒤 꾹꾹 눌러 핏물을 제거해요.
2. 근대는 끓는 물에 소금을 넣고 데친 뒤 찬물에 헹궈 물기를 제거하고 3cm 길이로 썰어요.
3. 냄비에 참기름을 넣고 약불에서 소고기를 달달 볶다가 육즙이 나오면 물을 붓고 강불에서 끓여요. 끓어오르면 된장을 풀어 넣고 다시 끓으면 데친 근대를 넣으세요.
4. 국물이 끓으면 다진 마늘을 넣은 뒤 뚜껑을 덮고 약불에서 20~30분간 끓여 주세요. 고기가 부드러워지면 불을 끄세요.

레스토랑에서 코브샐러드를 드셔 보셨나요? 냉장고 속 자투리 재소로 만드는 일색 샐러드랍니다. 여름 철 밥 차리기 귀찮을 때 후다닥 냉장고를 뒤져 얼마토 코브샐러드를 만들어 보세요. 달걀 대신 메추리알을 반 잘라 넣으면 음식 단음색가 예뻐요.

메추리알코브샐러드

재료
- 메추리알 15개(150g)
- 배 100g
- 베이컨 70g
- 파프리카(노란색) 50g
- 브로콜리 30g

드레싱
- 플레인요구르트 2큰술
- 마요네즈 1큰술
- 아가베시럽 1작은술
- 씨겨자 1/2작은술
- 소금 2꼬집

알아두세요
- 메추리알도 달걀처럼 삶을 때 숟가락으로 원을 그리며 저어 주면 노른자가 중앙으로 가 예뻐요.
- 오이나 토마토 등 다른 채소나 과일을 함께 곁들여도 좋아요.

이렇게 만들어요

1. 냄비에 메추리알과 메추리알이 잠길 정도의 물을 부어 강불에서 끓인 뒤 끓어오르면 중약불로 낮춰 3~4분간 삶으세요. 찬물에 담가 식힌 뒤 껍질을 벗기세요.
2. 끓는 물에 브로콜리와 소금을 약간 넣고 데친 뒤 찬물에 씻어 물기를 제거해요.
3. 베이컨은 1cm 크기로 썰어 마른 팬에서 노릇하게 구운 뒤 키친타월에 얹어요.
4. 배와 파프리카는 먹기 좋은 크기로 깍둑 썰어요.
5. 볼에 분량의 드레싱 재료를 넣고 섞어요. 그릇에 재료를 한 줄씩 담은 뒤 드레싱을 뿌려요.

차곡이 쌓은 깻잎 사이사이로 멸치를 흩뿌려 줬어요. 멸치의 진한 육수 맛이 어우러져 밥도둑이 따로 없을 정도 예요. 깻잎멸치찜은 찐 뒤 바로 그릇에 옮겨주세요. 그대로 두면 잔열에 의해 깻잎이 질겨집니다.

깻잎멸치찜

여름
7주

재료

- 깻잎 55장(70g)
- 파프리카(빨간색) 60g
- 잔멸치 45g

양념
- 물 5큰술
- 간장 3큰술
- 청주·설탕 2큰술씩
- 다진 마늘 2작은술

이렇게 만들어요

1. 볼에 분량의 양념 재료를 섞어요. 잔멸치는 마른 팬에 넣고 볶아요.
2. 깻잎은 씻어 물기를 털어요. 파프리카는 3cm 길이로 채 썰어요.
3. 깻잎 5~6장을 잡고 양념장에 담가 냄비에 넣은 뒤 잔멸치를 솔솔 뿌려요. 반복해서 깻잎과 멸치를 켜켜이 쌓아준 뒤 여분의 양념을 맨 위에 뿌려 약불에서 뚜껑을 덮고 쪄요.
4. 김이 나면 깻잎을 위아래로 바꿔 1분간 더 찐 뒤 파프리카를 넣고 불을 끄세요.

어묵조림은 매일 반찬으로 먹어도 맛있어요. 오늘은 곤약과 함께 조려서 부드럽고 쫀득한 식감을 더해봤어요.
양념이 약간 남아 있을 때 그릇에 담아야 마르지 않는답니다.

어묵곤약조림

여름
7주

재료

- 어묵·곤약 200g씩
- 파 40g
- 통깨 1작은술

양념

- 물 250㎖
- 간장 3큰술
- 청주 2큰술
- 설탕·올리고당 1큰술씩
- 고춧가루 1/2작은술

이렇게 만들어요

1 어묵은 끓는 물에 살짝 데쳐 체에 밭쳐 물기를 제거해요.
2 곤약은 1㎝ 폭으로 채 썰고 파는 송송 썰어요.
3 냄비에 분량의 양념 재료를 넣고 끓여 주세요.
4 양념이 끓어오르면 곤약을 넣고 중불에서 조려요. 곤약에 색이 배면 어묵을 넣고 조리다가 양념이 거의 줄어들면 파를 넣고 강불에서 조려요. 불을 끄고 통깨를 넣어 버무려요.

여름 8주

율무쌀밥　콩나물냉국　갈치무조림　진미마요간장볶음 + 전복초

매일 먹는 흰밥이 물릴 때가 있죠. 몸에 좋은 율무를 넣어 식감을 달리 해봤어요.
부드럽게 씹히는 맛이 참 좋아요.

율무쌀밥

여름
8주

재료

- 율무 30g
- 쌀 1컵(180g)
- 물 270㎖

알아두세요

- 율무 삶은 물과 쌀뜨물을 합해 밥을 지으면 더 고소합니다.

이렇게 만들어요

1. 율무는 가볍게 씻어 물을 붓고 하루 정도 불려요.
2. 쌀은 물에 3번 씻은 뒤 쌀이 잠기도록 물을 넉넉하게 붓고 30분간 불려 체에 밭쳐요. 이 때 쌀뜨물은 버리지 마세요.
3. 냄비에 물 2컵과 불린 율무를 넣어 부드럽게 삶아요.
4. 율무 삶은 물을 식힌 뒤 쌀뜨물과 합하여 270㎖만 계량해 냄비에 부어요.
5. 냄비에 쌀과 율무를 넣고 강불에서 끓이다 끓어오르면 중약불로 낮춰 15분간 끓여요. 불을 끄고 10분간 뜸을 들여요.

쉽고 간단하게 끓인 콩나물냉국이에요. 별다른 반찬이 없어도 콩나물냉국 한 그릇이면 밥이 술술 넘어가지요.
멸치육수의 깊은 맛이 콩나물의 시원함과 어우러져 입맛을 돋워주네요.

콩나물냉국

여름 8주

재료

- 콩나물 150g
- 물 3컵
- 멸치 6g
- 다시마 2g
- 다진 마늘 1작은술
- 깨소금 1/2작은술
- 소금 1/4작은술

알아두세요

- 바닥이 얇은 냄비는 콩나물이 탈 수 있으니 좀 두꺼운 냄비를 준비하세요.
- 싱거우면 냉장고에 넣기 전 소금으로 간하세요.

이렇게 만들어요

1. 콩나물은 씻어 물기가 있는 채로 냄비에 담아 주세요.
2. ①위에 멸치, 다시마, 다진 마늘, 소금을 넣고 물을 부어 강불에서 끓여요.
3. 김이 나면 약불로 낮춰 5분간 끓인 뒤 불을 끄고 5분간 그대로 두었다 냉장고에 넣으세요.
4. 시원해지면 콩나물냉국을 그릇에 담고 깨소금을 뿌려요.

여름 8주

아이 때문에 매일 갈치를 간장으로 조리다가 드디어 고추장과 고춧가루를 넣어봤어요. 처음에는 아이들이 매워할까 봐 노심초사하며 먹였죠. 조금씩 매운맛에 적응하도록 신경쓰세요. 맛있게 밥 한 그릇 뚝딱 하는 모습을 곧 볼 수 있지요.

갈치무조림

재료

- 갈치 1마리(250g)
- 무 170g
- 양파 70g
- 느타리버섯 50g
- 멸치육수 1컵
- 파 15g
- 생강술 2작은술
- 소금 1꼬집

양념

- 다진 마늘 1큰술
- 청주 2작은술
- 고추장·된장·간장·국간장
- 설탕 1과 1/2작은술씩

이렇게 만들어요

1. 갈치는 칼등으로 은색 비늘을 벗긴 뒤 3등분해 씻어 물기를 제거해요. 소금과 생강술을 뿌려 잠시 두세요.
2. 볼에 분량의 양념 재료를 넣고 고루 섞어요.
3. 무는 1cm 두께로 납작하게 썰고 양파는 채 썰어요. 느타리버섯은 씻어 손으로 찢어요.
4. 냄비에 무를 깔고 무가 잠기도록 멸치육수를 약간 부은 뒤 끓여요.
5. 무가 투명해지면 갈치와 남은 멸치육수, 양념을 넣고 뚜껑을 덮고 끓여요.
6. 끓어오르면 뚜껑을 덮어 약불에서 조리면서 중간중간 양념을 끼얹어요. 국물이 자작해지면 양파와 느타리버섯, 어슷 썬 파를 넣어 완성해요.

알아두세요

- 양념장은 미리 만들어 하루 냉장고에 숙성하세요.
- 무가 반쯤 익었을 때 갈치를 넣어야 익는 속도도 맞추고 바닥이 타는 것도 방지된답니다.
- 조림을 할 때는 무른 채소는 피하세요. 만약 넣는다면 다 조린 뒤 살짝 익혀요.

진미오징어는 말 그대로 조미가 되어 있는 오징어로 금방 동이 나는 인기 반찬입니다.
진미오징어는 양념을 넣고 볶으면 식으면서 딱딱해지므로 마요네즈에 버무려 부드럽게 만들었어요.

진미마요간장볶음

여름 8주

재료

- 진미오징어 150g
- 마요네즈·포도씨유 1큰술씩
- 참기름 1작은술

양념
- 간장·청주·설탕 1큰술씩
- 올리고당·다진 마늘 1작은술씩

이렇게 만들어요

1 볼에 분량의 양념 재료를 넣고 섞어요. 진미오징어는 찬물에 바락바락 주물러 씻어 거품과 이물질을 없애고 체에 밭쳐요.

2 물기를 제거한 진미오징어에 마요네즈를 넣고 섞어요.

3 달군 프라이팬에 포도씨유를 두르고 양념을 넣고 끓여요.

4 부르르 끓으면 ②를 넣고 중불에 볶아 조려요. 양념이 다 졸아들면 참기름을 넣어요.

전복초는 궁중 음식 중 하나예요. 귀한 전복을 얇게 저며서 간장에 달콤하게 졸인 이 반찬은 여름철 최고의 보양식이 되겠죠?
전복의 쫀득쫀득한 식감과 입조름한 간이 일품이에요. 불 세기가 중요하므로 레시피대로 잘 따르세요.

전복초

여름 8주

재료
- 전복 3마리(250g)
- 올리고당·참기름 1작은술씩

양념
- 물 1컵
- 간장·설탕·청주 1큰술씩
- 마늘 12g
- 양파 10g

이렇게 만들어요

1. 전복은 살만 분리해 이빨을 도려낸 뒤 1cm 폭으로 썰어요. 마늘은 편 썰고 양파는 3cm 길이로 채 써세요.
2. 냄비에 분량의 양념 재료를 넣고 강불에서 끓이세요.
3. 양념이 살짝 졸아들면 전복을 넣어요. 다시 끓어오르면 중불로 낮춰 조려 주세요.
4. 국물이 거의 바닥에 깔리면 강불로 올려 올리고당과 참기름을 넣고 완전히 조려요.

여름 **9주**

흰쌀밥 + 감자양파국 + 토마토베이컨달걀볶음 + 오이크래미샐러드 + 된장주물럭

냉장고에 늘 있는 재료로 끓인 국이에요. 감자를 볶다가 멸치육수를 붓고 끓이면 고소할 뿐 아니라 훨씬 빨리 익어요. 달걀물은 높은 곳에서 떨어뜨리듯 얇게 부은 뒤 2~3초 후에 저어줘야 국물이 깔끔합니다.

감자양파국

여름 9주

재료

- 감자 2개(260g)
- 양파 90g
- 달걀 1개
- 멸치육수 3컵
- 참기름 2작은술
- 소금 1/4작은술

알아두세요

- 감자는 꼭 물에 담가 전분기를 없앤 뒤 볶아야 냄비에 붙지 않아요.

이렇게 만들어요

1. 감자와 양파는 껍질을 벗겨 사방 1.5cm 크기로 깍둑 썰어요.
2. 감자는 찬물에 헹궈 물기를 제거하고 달걀은 볼에 곱게 풀어요.
3. 냄비에 참기름을 두르고 감자를 넣어 1분간 약불에서 볶아요.
4. 멸치육수를 붓고 끓으면 양파를 넣고 소금 간을 해요.
5. 끓어오르면 달걀물을 조금씩 넣어가며 끓여 완성해요.

토마토는 익히면 빨간색의 라이코펜 성분의 영양이 두 배가 된다고 해요.
그냥 올리브오일에 볶아도 좋은데 오늘은 스크램블드에그와 함께 조합했어요. 간식으로도 좋아요.

토마토베이컨달걀볶음

여름 9주

재료

- 방울토마토·베이컨 100g씩
- 달걀 2개
- 파 10g
- 포도씨유 2큰술
- 청주 1큰술
- 소금 3꼬집
- 후춧가루 약간

알아두세요

- 베이컨은 구우면 기름이 꽤 많이 나와요. 키친타월로 기름을 닦아가며 구워야 다른 재료들이 깔끔하게 볶아져요.

이렇게 만들어요

1. 볼에 달걀을 푼 뒤 소금 2꼬집과 송송 썬 파를 넣고 섞어요.
2. 방울토마토는 씻어 반 자르고 베이컨은 2cm 폭으로 잘라요.
3. 달군 프라이팬에 포도씨유 1큰술을 두르고 ①을 부어 약불에서 젓가락으로 휘휘 저은 뒤 그릇에 담아요.
4. 마른 팬에 베이컨과 청주를 넣고 노릇하게 구운 뒤 한쪽으로 밀어두세요. 다시 포도씨유 1큰술을 두르고 방울토마토와 소금 1꼬집을 넣고 볶다가 베이컨, 스크램블드에그를 넣고 후춧가루를 뿌려요.

여름
9주

여름이면 물 많은 오이를 자꾸 찾게 되는데요. 고춧가루를 넣은 오이무침도 시원하고 맛있지만 크래미와 함께 버무리면 상큼하고 색달라요. 입맛 없을 때 뚝딱 만들어 보세요.

오이크래미샐러드

재료	· 오이 1개(185g)	· 파프리카(노란색) 40g
	· 크래미 100g	· 굵은소금 약간
소스	· 식초 2큰술	· 땅콩버터 2작은술
	· 설탕 1과 1/2큰술	· 어간장 1작은술

이렇게 만들어요

1. 오이는 껍질을 굵은소금으로 문지른 뒤 물로 씻어요. 껍질만 돌려 깎아 0.5cm 폭으로 채 썰어요.
2. 크래미는 손으로 쭉쭉 찢고 파프리카는 씨와 속살을 도려낸 뒤 오이와 같은 크기로 채 썰어요.
3. 분량의 소스 재료를 넣고 잘 섞어 주세요.
4. 볼에 오이, 크래미, 파프리카를 넣고 소스를 뿌린 뒤 고루 버무려요.

알아두세요
· 오이는 씨 부분은 제외하고 돌려 깎은 뒤 채 썰어요. 씨를 넣으면 물이 생기고 샐러드가 지저분해져요.

여름 9주

된장소스에 버무린 담백한 돼지고기 주물럭이에요. 보통 고추장으로 버무려 아이들이 잘 먹지 못했는데요, 이렇게 된장을 활용해 아이 입에도 부담 없고 감칠맛도 더해져 밥을 더 잘 먹게 된답니다.

된장주물럭

| 재료 | · 돼지고기(목살) 530g
· 포도씨유 약간 | |
|---|---|---|
| 고기 밑간 | · 생강술 2작은술
· 소금 1/4작은술 | · 후춧가루 약간 |
| 양념 | · 청주·양파(간 것) 2큰술씩
· 된장·설탕 1과 1/2큰술씩
· 진간장·국간장 1/2큰술씩 | · 다진 마늘 3작은술
· 참기름 약간 |

이렇게 만들어요

1. 돼지고기는 키친타월에 올린 뒤 꾹꾹 눌러 핏물을 제거하세요.
2. 칼집을 낸 뒤 분량의 밑간 재료를 넣고 조물조물해 잠시 두세요.
3. 볼에 분량의 양념 재료를 넣고 고루 섞은 뒤 밑간한 고기에 버무려 냉장고에서 1~2시간 숙성시켜요.
4. 달군 프라이팬에 포도씨유를 두르고 고기를 중약불에서 구운 뒤 먹기 좋은 크기로 잘라 주세요.

알아두세요

· 목살 대신 삼겹살로 주물럭을 만들어도 맛있어요.
· 양념한 고기는 쉽게 타므로 반드시 중약불에서 구워야 해요.

여름철에는 끼니마다 냉면이 생각나요. 아이에게는 냉면 육수의 첨가물이 걱정이 되어 쉬이 먹이지 못하지요. 이럴 때는 캐슈넛과 우유를 갈아 냉국수를 만들어주곤 해요. 제철 수박샐러드와 짭조름한 황태조림을 더하면 꽤 든든한 엄마표 여름 밥상이 완성됩니다.

캐슈넛국수 + 수박고구마샐러드 + 황태고추장조림 + 파프리카깍두기

여름
10주

여름
10주

볶은 캐슈넛을 우유와 갈아서 냉국수를 만들어 봤어요. 얼음 동동 띄워서 콩국수처럼 먹여 보세요. 정말 고소하고 맛있답니다.

캐슈넛국수

재료
- 캐슈넛 100g
- 우유 1과 1/4컵
- 소면 60g
- 소금 1/4작은술

이렇게 만들어요

1 캐슈넛은 달군 프라이팬에 노릇하게 구워 식혀 주세요.

2 믹서에 볶은 캐슈넛과 찬 우유, 소금을 넣고 곱게 갈아 주세요.

3 끓는 물에 소면을 넣고 찬물을 2~3번 끼얹으며 삶아요.

4 삶은 소면은 찬물에 바락바락 씻은 뒤 체에 밭쳐 물기를 빼주세요. 그릇에 소면을 담고 ②를 부어 주세요.

알아두세요
- 캐슈넛은 쉽게 타므로 군데군데 노릇해지면 바로 꺼내세요.
- 캐슈넛우유는 오래 두면 캐슈넛이 불어서 빡빡해져요. 냉동실에 잠시 두었다 바로 드세요.

여름에 딱인 수박샐러드예요. 발사믹식초로 만든 기본 드레싱이라 만들기도 쉽고 어떤 여름 과일도 잘 어울려요.
시판 소스를 사용할 때는 오일드레싱처럼 맑은 걸 골라야 수박의 시원함을 살릴 수 있어요.

수박고구마샐러드

여름 10주

1

2

3

4

재료

- 수박 225g
- 고구마 130g
- 브로콜리 40g
- 소금 약간

드레싱

- 발사믹식초·올리브오일 1큰술씩
- 아가베시럽 2작은술
- 후춧가루 약간

이렇게 만들어요

1. 냄비에 고구마를 담고 고구마가 반만 잠기도록 물을 부어 삶아요.
2. 삶은 고구마는 껍질을 벗겨 먹기 좋게 깍둑 썰어요.
3. 끓는 물에 소금을 넣어 브로콜리를 데친 뒤 찬물에 헹궈요. 수박은 씨를 제거한 뒤 고구마와 같은 크기로 깍둑 썰어요.
4. 볼에 올리브오일을 제외한 드레싱 재료를 넣고 섞은 뒤 올리브오일을 넣고 섞어요. 그릇에 수박, 고구마, 브로콜리를 담고 드레싱을 뿌려요.

황태고추장조림

황태채를 빨갛게 조렸어요. 마른 황태채는 꼭 훑어서 가시가 있는지 확인하고, 불에 닿자 부서지면 맛있는 성분이 빠져나가므로 물을 뿌리세요. 아이가 어리다면 고추장 양은 조금 줄여도 됩니다.

여름 10주

재료
- 애호박 80g
- 황태채 50g
- 포도씨유 2큰술
- 소금 1꼬집

양념
- 마요네즈 2큰술
- 청주·올리고당 1큰술씩
- 고추장 2/3큰술
- 설탕 2작은술
- 다진 마늘 1작은술
- 어간장 1/2작은술

이렇게 만들어요

1. 황태채는 가시를 제거한 뒤 물을 뿌려 촉촉하게 해주세요.
2. 애호박은 씻어 0.7cm 두께로 채 썰어요. 볼에 올리고당을 제외한 양념 재료를 넣고 섞어요.
3. 달군 프라이팬에 포도씨유를 두르고 황태채를 바삭하게 볶은 뒤 양념을 넣고 볶아요.
4. 황태채를 한쪽으로 밀어놓고 포도씨유를 약간 두른 뒤 애호박과 소금을 넣고 볶다가 한데 섞어요. 올리고당을 넣고 불을 끄세요.

217

여름 11주

현미밥 · 파인애플망고샐러드 · 가지냉국
브로콜리조갯살무침 · 마늘종멸치고추장볶음

비타민 E가 풍부한 발아현미밥이에요.
아이들은 현미의 까슬까슬한 식감을 부담스러워할 수 있으므로 충분히 불려서 밥을 지어 주세요.

현미밥

여름
11주

재료

- 발아현미 25g
- 쌀 1컵(180g)
- 쌀뜨물 270㎖

알아두세요

- 밥을 고슬고슬하게 짓고 싶다면 물을 10㎖ 줄이세요

이렇게 만들어요

1 발아현미는 씻어 물을 붓고 반나절 혹은 하루 정도 불려요.

2 쌀은 물에 3번 씻은 후 쌀이 잠기도록 물을 넉넉히 붓고 30분간 불린 뒤 체에 밭쳐요.

3 냄비에 쌀과 현미를 함께 넣고 쌀뜨물을 부은 뒤 강불에서 끓여요.

4 쌀이 끓어오르면 중약불로 바꿔 15분간 끓인 뒤 불을 끄고 10분간 뜸들여요.

달콤한 망고는 그냥 먹어도 맛있지만 샐러드로 만들면 누구나 좋아합니다.
온화 식재료인 양상추에 망고를 더해 이국적인 샐러드를 완성했어요.

파인애플망고샐러드

여름 11주

재료

- 망고(냉동) 50g
- 양상추 35g
- 파프리카(노란색·빨간색) 20g씩

드레싱

- 망고(냉동) 50g
- 아가베시럽 2작은술
- 레몬즙 1작은술
- 소금 1/4작은술

알아두세요

- 망고 대신 과육이 부드러운 다른 여름 과일을 활용해도 좋아요.

이렇게 만들어요

1. 양상추는 씻어 물기를 턴 뒤 먹기 좋은 크기로 뜯어요.
2. 파프리카는 씻어 씨와 속살을 도려낸 뒤 사방 1㎝ 크기로 깍둑 썰어요. 망고도 파프리카와 같은 크기로 썰어요.
3. 믹서에 분량의 드레싱 재료를 넣고 갈아 주세요.
4. 그릇에 양상추를 깔고 그 위에 파프리카와 망고를 담은 뒤 드레싱을 뿌려요.

가지를 조물조물 양념에 무쳐 얼음 동동 띄운 냉국입니다. 찐 가지에 양념 재료를 각각 넣으면
가지 색이 검어지므로 꼭 양념을 먼저 섞고 무치세요. 레몬즙이 없을 때는 식초로 대신해도 됩니다.

가지냉국

여름
11주

1

2

3

4

재료

- 가지 2개(215g)

가지 양념
- 다진 파 1큰술
- 식초·설탕 2작은술씩
- 진간장·국간장 1작은술씩
- 소금 1/4작은술

냉국
- 물 3컵 · 국간장 1큰술
- 설탕·식초·레몬즙·깨소금 1작은술씩

이렇게 만들어요

1. 가지는 씻어 3등분한 뒤 반으로 자르세요. 김 오른 찜통에 껍질이 아래쪽으로 향하도록 두고 5분간 쪄요.
2. 볼에 분량의 냉국 재료를 넣고 섞은 뒤 냉장고에 두세요.
3. 뜨거운 가지는 한 김 식혀 손으로 찢은 뒤 지그시 눌러 물기를 제거해요.
4. 볼에 분량의 가지 양념 재료를 넣고 섞은 뒤 가지를 넣어 무쳐요. 냉국을 붓고 얼음을 띄워 주세요.

조갯살에 브로콜리를 곁들여 된장에 무치니 아삭아삭~ 졸깃졸깃한 식감이 좋아요.
조개 삶은 물은 각종 국찌개에 활용하면 됩니다.

브로콜리조갯살무침

여름 11주

재료

- 조갯살 100g
- 브로콜리 85g
- 청주 2큰술
- 소금 약간

양념
- 된장·참기름 1작은술씩
- 다진 마늘 1/2작은술

이렇게 만들어요

1 브로콜리는 송이를 작게 잘라 끓는 물에 소금을 넣고 데쳐 찬물에 헹군 뒤 물기를 제거해요.

2 끓는 물에 조갯살과 청주를 넣고 살짝 데쳐 체에 밭쳐요.

3 볼에 조갯살과 브로콜리를 담고 분량의 양념 재료를 넣어 조물조물 무쳐요.

여름 11주

마늘종이 싱싱한 여름입니다. 조려도 맛있지만 오늘은 잔멸치와 함께 고추장에 볶았어요. 아이가 어리다면 고추장 대신 간장으로 대체하세요. 잔멸치는 찬물에 씻어 짠맛을 없앤 뒤 요리해야 맛있어요.

마늘종멸치고추장볶음

재료	· 잔멸치 70g · 마늘종 50g	· 포도씨유 3큰술 · 소금 약간
양념	· 토마토케첩·청주·설탕 2작은술씩 · 고추장·올리고당 1작은술씩	

이렇게 만들어요

1. 잔멸치는 채반에 밭쳐 씻은 뒤 키친타월로 눌러 물기를 쫙 빼세요. 볼에 올리고당을 제외한 분량의 양념 재료를 넣고 섞어요.

2. 마늘종은 씻어 2㎝ 길이로 썰어요. 끓는 물에 소금과 마늘종을 넣고 살짝 데친 뒤 씻어 물기를 제거하세요.

3. 달군 팬에 포도씨유를 두르고 잔멸치를 볶으세요.

4. 잔멸치가 바삭해지면 마늘종을 넣고 볶은 뒤 양념을 넣고 볶아 주세요.

5. 양념이 고루 배면 올리고당을 넣고 불을 끄세요.

알아두세요

· 잔멸치는 뜨거운 물에 씻으면 비린내가 날 수 있으므로 꼭 찬물을 사용하세요.

· 양념은 미리 만들어 최소 30분 이상 숙성시켜야 맛있어요.

· 마늘종은 소금물에 데친 뒤 볶아야 색도 예쁘고 말랑해서 아이가 먹기 좋아요.

삼복더위에는 여름 채소들의 맛과 영양이 두 배가 되지요. 깻잎, 오이, 토마토… 여름이라 더 맛있는 재료들로 맛깔스러운 밥상을 차려봤어요. 자주 먹는 주먹밥을 깻잎으로 싸서 쌈밥으로 만들고 오이냉국도 시원하게 만들었어요. 한 입에 쏙쏙 들어가는 닭꼬치까지 있으면 한 끼 걱정 없지요.

깻잎참치쌈밥　칠리소스닭꼬치　오이냉국　두부버섯샐러드

여름
12주

여름 12주

더위에 지쳐 입맛이 떨어진 아이들을 위한 매콤한 쌈밥을 만들었어요. 가을 1주차에 만든 고추참치버무리를 이용해서 깻잎쌈밥을 만들어 보세요.

깻잎참치쌈밥

재료	· 깻잎 25장(40g)	· 고추참치버무리(만드는 법 P.252
	· 밥 250g	참고) 150g
	· 소금 1작은술	
밥 양념	· 참기름 1작은술	
	· 소금 1/4작은술	

이렇게 만들어요

1. 끓는 물에 소금을 넣은 뒤 깻잎을 5장씩 넣었다 바로 건져 주세요.
2. 데친 깻잎은 찬물에 씻은 뒤 물기를 꼭 짜요.
3. 따뜻한 밥에 분량의 양념을 넣고 주걱으로 섞은 뒤 식혀요.
4. 밥을 10g씩 손으로 뭉치고 검지손가락으로 가운데에 구멍을 내어 고추참치버무리를 6g 정도 넣고 오므려요. 깻잎을 넓게 편 후 주먹밥을 얹고 감싸 완성해요.

알아두세요

· 한 입에 먹을 수 있도록 10g씩 계량했어요. 양이 많은 아이는 밥과 고추참치버무리를 더 많이 넣어 주세요.
· 밥을 미리 10g씩 뭉쳐 준비해두면 쌈밥 쌀 때 수월해요.

여름 12주

달콤한 스위트칠리를 이용한 닭꼬치예요. 닭다리살을 이용했지만 어느 부위든지 상관없답니다. 살짝 그을린 듯 구워야 맛있지만 꺼림칙하면 약불에서 노릇하게 구워 주세요.

칠리소스닭꼬치

재료	· 닭다리살 330g · 파인애플 140g	· 우유 1컵
고기 밑간	· 올리브오일 1큰술 · 타임가루 1/2작은술	· 소금 1/4작은술 · 후춧가루 약간
소스	· 토마토케첩·스위트칠리소스 1큰술씩 · 카레가루·설탕 2작은술씩	· 청주·우스터소스 1작은술씩 · 후춧가루 약간

이렇게 만들어요

1. 닭다리살은 껍질을 벗긴 뒤 우유를 부어 30분간 두세요.
2. 우유는 버리고 흐르는 물에 씻어 물기를 제거하세요. 먹기 좋은 크기로 썬 뒤 분량의 밑간 재료를 넣어 조물조물 한 후 잠시 두세요.
3. 볼에 분량의 소스 재료를 넣고 고루 섞어 주세요.
4. 달군 프라이팬에 포도씨유를 두르지 않고 강불에서 닭다리살을 앞뒤로 구워 주세요.
5. 붓으로 소스를 발라가며 구운 뒤 꼬치에 5등분한 파인애플과 닭다리살을 순서대로 꽂으세요.

알아두세요

· 파인애플 대신 다른 과일을 활용해도 됩니다.
· 닭다리살은 물기를 제거한 뒤 밑간해야 간이 잘 배어요. 올리브오일은 마지막에 넣으세요.
· 타임가루가 없다면 파슬리가루도 좋아요.

가시냉국만큼 여름철에 자주 해먹는 오이냉국이에요.
새콤달콤하게 만들어 주세요.

오이냉국

여름 12주

재료
- 오이 1개(195g)
- 파프리카(빨간색) 20g
- 굵은소금 약간

오이 양념
- 식초·설탕·국간장 1작은술씩

냉국
- 물 3컵
- 식초 2큰술
- 설탕 4작은술
- 소금 1과 1/2작은술

알아두세요
- 깨소금을 뿌려도 좋아요.
- 파프리카는 굵을 경우 포를 떠서 채 썰어요.

이렇게 만들어요

1. 오이는 굵은소금으로 문질러 씻은 뒤 씨를 제외하고 돌려 깎아 곱게 채 썰어요.
2. 채 썬 오이는 볼에 담아 분량의 오이 양념을 넣고 5~10분간 절여요.
3. 파프리카도 오이와 같은 크기로 채 썰어요.
4. 볼에 분량의 냉국 재료를 넣고 고루 섞어 냉장고에 넣어 주세요.
5. ②에 시원한 냉국을 부은 뒤 파프리카를 띄워요.

전분에 굴려 튀기 다운 바삭한 두부와 발사믹식초에 상큼하게 절인 버섯으로 만든 샐러드예요.
밥반찬으로도 좋고 건강 간식으로도 잘 어울려요.

두부버섯샐러드

여름 12주

재료

- 맛타리버섯 120g
- 두부 100g
- 전분 3큰술
- 포도씨유 적당량
- 소금 약간

드레싱

- 발사믹식초 2큰술
- 올리브오일·아가베시럽 1큰술씩
- 소금 1/4작은술
- 후춧가루 약간

알아두세요

- 전분을 입힌 두부는 전분이 살짝 스며들면 튀겨야 지저분해지지 않아요.

이렇게 만들어요

1. 두부는 사방 1cm 크기로 깍둑 썰고 소금을 뿌려 잠시 두세요.
2. 볼에 분량의 드레싱 재료를 넣고 섞으세요.
3. 두부는 키친타월로 톡톡 두드려 물기를 제거한 뒤 비닐팩에 전분과 함께 넣고 흔들어요.
4. 달군 프라이팬에 포도씨유를 넉넉하게 두르고 두부를 튀기듯 구운 뒤 건져요. 같은 팬에 맛타리버섯을 넣고 강불에서 소금 2꼬집을 뿌려 볶으세요.
5. 그릇에 튀긴 두부와 맛타리버섯을 담고 드레싱을 뿌려요.

여름 13주

채소카레밥 + 아욱건새우된장국 + 콩나물무침 + 당근배참치샐러드 + 물오징어조림

여름 13주

갖은 채소를 넣고 노랗게 카레물을 들인 밥은 보기에도 참 예쁩니다. 카레향이 솔솔 나는 밥을 주면 아이들도 참 좋아해요.

채소카레밥

재료

- 애호박·당근·감자 40g씩
- 카레가루 1큰술
- 소금 1/4작은술
- 쌀 1컵(180g)
- 쌀뜨물 270㎖

이렇게 만들어요

1. 쌀은 3번 씻은 뒤 물을 넉넉하게 붓고 30분간 불려 체에 밭쳐요.

2. 애호박은 사방 0.8cm 크기로 깍둑 썬 뒤 소금을 뿌려 잠시 절였다가 키친타월로 물기를 톡톡 닦아요.

3. 당근과 감자는 씻어 껍질을 벗기고 애호박과 같은 크기로 깍둑 썰어요.

4. 냄비에 불린 쌀과 쌀뜨물을 붓고 강불에서 끓여요. 끓어오르면 감자와 카레가루를 넣고 숟가락으로 휘휘 저은 뒤 약불에서 5분간 끓여요.

5. 애호박과 당근을 넣고 뚜껑을 덮어 10분간 끓인 뒤 불을 끄고 10분간 뜸들여요.

알아두세요

- 애호박을 소금에 살짝 절여 넣으면 간도 배고 색도 예뻐요.
- 감자는 금방 익지 않으니 미리 넣고 익혀요.

아욱은 단백질, 칼슘은 물론 비타민 A도 풍부하여 성장기 어린이에게 아주 좋은 채소입니다.
건새우와 된장을 넣고 깊은 맛이 나도록 끓여 주세요.

아욱건새우된장국

여름 13주

재료
- 아욱 110g
- 건새우 12g
- 멸치육수 4컵
- 된장 1과 1/2큰술
- 소금 1큰술
- 고추장·다진 마늘 1작은술씩

알아두세요
- 아욱은 줄기가 억세므로 아이에게 먹일 때는 잎만 쓰세요.
- 아욱은 소금에 바락바락 씻어야 풋내가 나지 않아요. 초록물이 나올 때까지 치대세요.

이렇게 만들어요

1. 아욱은 줄기를 꺾어 질긴 껍질을 제거해 주세요.
2. 흐르는 물에 살짝 씻은 뒤 소금을 뿌려 바락바락 씻어 주세요.
3. 냄비에 멸치육수와 건새우를 넣고 끓여요.
4. 국물이 끓으면 된장, 고추장, 다진 마늘을 넣고 끓인 뒤 아욱을 넣어 약불에서 10~15분간 뚜껑을 덮고 뭉근히 끓여 주세요.

시원하게 무쳐낸 콩나물무침이면 열 반찬 부럽지 않아요.
콩나물을 아삭하게 잘 삶아 내는 게 포인트예요.

콩나물무침

여름
13주

재료

- 콩나물 270g
- 쪽파 10g
- 물 1컵
- 소금 1작은술

양념
- 참기름 1과 1/2작은술
- 고춧가루·어간장 1작은술씩

알아두세요

- 콩나물은 물을 약간 넣고 삶아야 영양 손실도 줄고 아삭해요.
- 콩나물을 삶은 냄비가 뜨거울 때, 콩나물을 다시 넣고 양념을 해줘야 간이 잘 배어요.

이렇게 만들어요

1. 콩나물을 씻어 물기가 있는 채로 냄비에 담아요. 쪽파는 송송 썰어 주세요.
2. 볼에 물과 소금을 넣고 저은 뒤 ①의 냄비에 부어요. 뚜껑을 덮고 강불에서 끓여요.
3. 김이 나면 약불로 줄여 3~5분간 삶은 뒤 콩나물 익은 냄새가 나면 불을 끄세요.
4. ③을 채반에 밭쳐 물만 따라낸 뒤 다시 뜨거운 냄비에 콩나물을 담아 주세요. 분량의 양념을 넣고 버무린 뒤 쪽파를 넣고 섞으세요.

새콤한 배와 당근, 고소한 참치로 샐러드를 만들었어요. 아몬드와 흑임자를 넣은 소스는 고소하고 담백해요.
아몬드는 금방 불어서 소스가 뻑뻑해지므로 먹기 직전 갈아서 쓰세요.

당근배참치샐러드

여름
13주

재료

- 참치 150g
- 당근 90g
- 배 65g
- 소금 1/4작은술
- 포도씨유 약간

소스
- 아몬드(볶은 것) 20g
- 마요네즈 2큰술
- 식초·레몬즙·아가베시럽·물
 ·올리브오일 1큰술씩
- 검정깨 1/2큰술

이렇게 만들어요

1. 당근과 배는 껍질을 벗겨 4cm 길이로 채 썰어요.
2. 참치는 체에 받쳐 뜨거운 물을 부어 물기를 제거해요.
3. 달군 프라이팬에 포도씨유를 두르고 당근과 소금을 넣고 살짝 볶아줘요. 넓은 접시에 펼쳐 식혀요.
4. 믹서에 올리브오일을 제외한 소스 재료를 넣고 간 뒤 올리브오일을 넣고 섞어요. 그릇에 당근, 배, 참치를 담고 소스를 부어 버무려요.

시장볼 때마다 만만하게 잘 사는 식재료 중 하나가 바로 오징어예요. 어린아이에게는 오징어를 잘게 썰어 요리하는 게 좋아요. 오징어는 간장 양념에 오래 졸이면 질겨지므로 주의하세요.

물오징어조림

여름
13주

재료
- 오징어 1마리(215g)
- 피망 50g
- 다진 마늘·올리고당·참기름 1작은술씩
- 소금 약간

양념
- 오징어 데친 물 150㎖
- 간장 2큰술
- 설탕·청주·물 1큰술씩

이렇게 만들어요

1. 피망은 3㎝ 길이로 채 썰어 끓는 물에 소금을 넣고 데쳐요.

2. 오징어는 손질한 뒤 키친타월로 껍질을 제거하세요. 끓는 물에 오징어를 데친 뒤 피망과 같은 크기로 썰고 물은 따로 두세요.

3. 냄비에 오징어 데친 물과 양념 재료를 넣고 반으로 줄 때까지 중불에서 졸여요. 오징어를 넣고 끓으면 뚜껑을 덮고 중약불에서 5분간 졸여요.

4. 다진 마늘과 피망을 넣고 강불에서 졸인 뒤 국물이 거의 줄면 올리고당과 참기름을 넣어요.

가을 1주

고구마밥　애호박새우국　파소스고등어강정
고추참치버무리　숙주버섯볶음

식이섬유소가 풍부한 고구마밥이에요. 밥 잘 안 먹는 아이도 달콤한 고구마가 쏙쏙 박혀 있는 고구마밥은 한 그릇 뚝딱 잘 먹지요. 가끔씩 영양밥으로 색다른 재미를 선물해 주세요.

고구마밥

재료
- 호박고구마 100g
- 쌀 1컵(180g)
- 쌀뜨물 270㎖

이렇게 만들어요

1. 쌀은 물로 3번 씻은 후 쌀이 잠기도록 물을 붓고 30분간 불려 주세요.
2. 고구마는 씻어 껍질을 벗긴 후 사방 1cm 크기로 깍둑 썰어요.
3. 불린 쌀은 체에 밭치고 거른 쌀뜨물을 계량해 냄비에 담아 쌀과 고구마를 함께 넣고 강불에서 끓여 주세요.
4. 끓어오르면 중약불로 낮춰 15분간 끓인 뒤 불을 끄세요. 10분간 뜸들여 드세요.

알아두세요
- 호박 고구마, 밤 고구마 등 고구마의 종류에 따라 수분의 양이 달라요. 고구마에 따라 물의 양을 10㎖ 정도 가감하세요.

가을 1주

탱글탱글 새우가 아주 맛있는 계절입니다. 보통 새우는 볶거나 튀겨 먹는데 국에 넣으면 담백하면서도 고소해요. 아이가 먹기 좋게 살을 발라 넣거나 통새우를 그대로 넣어도 돼요. 하지만 내장은 꼭 제거하세요.

애호박새우국

재료

- 새우 10마리(200g)
- 애호박 1/2개(150g)
- 느타리버섯 70g
- 파 20g
- 멸치육수 3컵
- 참기름 1큰술
- 소금 1/4작은술

이렇게 만들어요

1. 새우는 머리와 껍질을 제거하고 칼로 등을 갈라 이쑤시개로 내장을 뺀 뒤 물로 씻으세요.
2. 애호박은 0.5cm 폭으로 썰어 은행잎 모양으로 썰어요. 느타리버섯은 먹기 좋게 찢고 파는 어슷 썰어요.
3. 냄비에 참기름을 두르고 약불에서 애호박을 달달 볶아요.
4. ③에 멸치육수와 새우 머리를 넣고 강불에서 끓이세요. 중간중간 거품은 걷어 주세요.
5. 끓으면 새우와 느타리버섯을 넣고 끓인 뒤 소금으로 간을 하세요. 파를 넣고 불을 끄세요.

알아두세요
- 애호박은 참기름에 달달 볶으면 간도 배고 부드럽게 익어요.
- 새우 머리를 넣으면 국물은 좀 지저분해지지만 맛이 좋아요.

그냥 구워먹어도 맛이 기가 막힌 고등어에다 소스를 넣어 상큼하게 만든다면 끝내 주겠죠? 레몬파소스를 넣어 비린내가 나지 않는 이국적인 강정을 만들어봤어요. 어떤 맛이 날지 궁금하지 않으세요?

파소스고등어강정

재료
- 고등어 200g
- 아몬드 30g
- 포도씨유 4큰술
- 전분 3큰술
- 청주 1큰술
- 다진 마늘 1작은술
- 소금 1꼬집
- 후춧가루 약간

소스
- 다진 파(흰 부분) 10g
- 청주 1큰술
- 간장·식초 1/2큰술씩
- 레몬즙·올리고당 1작은술씩
- 설탕 1/2작은술

 이렇게 만들어요

1. 고등어는 머리를 제거한 뒤 2장으로 떠 가운데 뼈를 발라내고 청주와 소금, 후춧가루를 뿌려 잠시 재워요.
2. 밑간한 고등어는 사방 1.5cm 크기로 깍둑 썰어요.
3. 비닐팩에 전분과 고등어를 넣고 흔들어 주세요. 전분이 고등어에 살짝 흡수되면 여분의 가루는 털어내세요.
4. 달군 프라이팬에 포도씨유 3큰술을 두르고 고등어를 넣고 튀기듯 구운 뒤 그릇에 덜어 주세요.
5. 볼에 올리고당을 제외한 분량의 소스 재료를 넣고 고루 섞어요. 다른 프라이팬에 포도씨유 1큰술을 두르고 약불에서 다진 마늘을 넣어 향을 낸 뒤 소스를 넣어 주세요.
6. 소스가 살짝 끓으면 튀긴 고등어와 올리고당을 넣고 버무린 뒤 다진 아몬드를 뿌려 주세요.

알아두세요
- 아이가 생선 비린내에 민감하다면 쌀뜨물 두 번째 물을 받아서 30분간 고등어를 재워요.
- 고등어는 손으로 만져서 가시가 남아 있지 않은지 꼭 확인하세요.

가격이 착한 참치 통조림으로 두루두루 쓰임새가 좋은 고추참치버무리를 만들어봤어요.
책에 실린 깻잎쌈밥의 속재료로 쓰이니 한 번에 많이 만들어도 좋아요.

고추참치버무리

가을 1주

재료

- 참치(통조림) 1캔(150g)
- 애호박 75g
- 당근 65g
- 양파 60g
- 포도씨유 1큰술
- 소금 1/4작은술

양념

- 고추장·청주·물 1큰술씩
- 설탕 2작은술
- 어간장 1작은술
- 후춧가루 약간

알아두세요

- 국물이 촉촉하게 만들면 밥 위에 얹어 덮밥으로 먹어도 좋죠.
- 바짝 조리면 쌈밥이나 주먹밥에 활용하기 좋아요.

이렇게 만들어요

1. 참치는 기름을 빼고 체에 밭쳐 뜨거운 물을 부은 뒤 물기를 제거하세요.
2. 애호박, 당근, 양파는 사방 0.5cm 크기로 깍둑 썰어 주세요. 볼에 분량의 양념 재료를 넣고 섞어요.
3. 달군 프라이팬에 포도씨유를 두르고 중불에서 채소와 소금을 넣고 수분을 날리듯 볶아요.
4. 참치를 넣고 볶다가 양념을 넣고 휘리릭 섞어 바짝 볶아 주세요.

녹두를 발아시켜 싹을 틔운 숙주는 콩나물보다 비타민 A 함량이 풍부하다고 해요. 숙주와 가장 잘 어울리는 굴소스를 넣고 버섯과 볶아 봤어요. 강불에서 휘리릭 볶아야 물이 안 생겨서 아삭한 볶음 요리가 완성됩니다.

숙주버섯볶음

재료

- 새송이버섯 290g
- 숙주 165g
- 포도씨유 2큰술
- 소금 1/4작은술

양념

- 굴소스 1/2큰술
- 아가베시럽 2작은술
- 간장·다진 마늘 1작은술씩

알아두세요

- 새송이버섯은 소금 1꼬집을 넣어 수분이 나오게 하고 그 수분이 다시 버섯에 스며든 뒤 소금을 뿌려야 간이 잘 배어요.

이렇게 만들어요

1. 새송이버섯은 큰 것은 3등분을 하여 반 자르고 채 썰어 주세요.
2. 숙주는 씻어 물기를 제거하세요. 볼에 분량의 양념 재료를 넣고 섞어요.
3. 달군 프라이팬에 포도씨유를 두르고 새송이버섯을 볶다가 새송이버섯에서 수분이 나오면 좀 더 볶은 뒤, 소금을 넣고 볶아요.
4. 숙주를 넣고 강불에서 볶아 살짝 숨이 죽으면 양념을 넣어 재빨리 섞고 불을 끄세요.

가을 2주

스테이크크림파스타 + 단호박토르티야 + 유자드레싱과일샐러드 + 갈릭러스크

고소하고 씹는 맛이 좋은 스테이크를 넣은 크림파스타예요. 아이가 먹을 거니까 안심이나 채끝살 또는 살치살처럼 기름이 적은 부위로 요리하세요. 엄마와 함께 먹을 수 있도록 넉넉하게 만들었어요.

스테이크크림파스타

재료

- 스파게티니 140g
- 소고기(채끝살) 110g
- 우유·생크림 1컵씩
- 브로콜리·양파 25g씩
- 마늘 2톨
- 올리브오일 2큰술
- 소금 1/4작은술
- 후춧가루 약간

고기 밑간
- 올리브오일 1작은술
- 소금 1/4작은술
- 후춧가루 약간

이렇게 만들어요

1. 소고기는 핏물을 제거해 사방 2cm 크기로 썰어요. 고기 밑간 재료를 넣고 30분~1시간 냉장고에 두세요.

2. 브로콜리는 끓는 물에 소금을 넣고 데쳐 물기를 빼요. 마늘은 편 썰고 양파는 작게 다져요.

3. 달군 프라이팬에 밑간한 고기를 강불에서 앞뒤로 구운 뒤 약불로 낮춰 구워 그릇에 담아요.

4. 끓는 물 1ℓ에 소금 1큰술과 스파게티니를 넣고 6분간 삶아 체에 밭쳐 물기를 빼세요.

5. 달군 프라이팬에 올리브오일을 두르고 약불에서 마늘과 양파를 넣고 향이 나면 우유와 생크림을 붓고 끓여요.

6. 면을 넣고 중불에서 졸이다가 면과 소스가 어우러지면 브로콜리와 고기를 넣어요. 소금과 후춧가루로 간해요.

알아두세요
- 스파게티니는 스파게티보다 약간 얇아서 아이가 먹기 좋아요.
- 면은 봉투에 표시된 삶는 시간을 지키세요. 크림에 졸이기 때문에 푹 익히지 마세요.
- 소스가 너무 졸면 스파게티니 삶은 물을 조금 넣으면 돼요.

토르티야로 간단한 피자를 많이들 해드시죠? 저는 으깬 단호박을 얹어 고소하고 담백한 토르티야를 오븐 대신 프라이팬에 구웠습니다. 냉장고 속 자투리 채소를 얹어 영양 가득한 간식을 만들어 보세요.

단호박토르티야

재료

- 토르티야(8인치) 2장
- 단호박 300g
- 모차렐라치즈 100g
- 햄(슬라이스) 25g
- 블랙올리브(슬라이스) 20g
- 파슬리가루 약간

단호박 양념
- 마요네즈 1큰술
- 설탕 1작은술
- 소금 2꼬집
- 후춧가루 약간

이렇게 만들어요

1. 토르티야는 마른 팬에 앞뒤로 살짝 구워 주세요.
2. 단호박은 숟가락으로 씨를 판 뒤 김 오른 찜기에서 쪄 주세요. 속만 파 으깬 뒤 양념을 넣고 섞어요.
3. 구운 토르티야 위에 피자치즈를 약간 뿌리고 그 위에 ②의 절반 분량을 숟가락으로 발라요.
4. 그 위에 다시 토르티야를 얹은 뒤 모차렐라치즈를 뿌리고 남은 단호박을 바르세요.
5. 다시 모차렐라치즈를 뿌린 뒤 햄과 올리브를 뿌려요. 남은 모차렐라치즈와 파슬리가루를 뿌려 주세요.
6. 달군 프라이팬에 피자를 올린 뒤 뚜껑을 덮고 약불에서 8~10분간 구워요.

알아두세요

- 삶은 단호박은 너무 퍽퍽하면 우유를 섞어요.
- 재료 사이사이에 모차렐라치즈를 조금씩 뿌려야 서로 겉돌지 않고 잘 붙어요.
- 구울 때 피자치즈가 잘 녹지 않으면 시간을 늘려요. 뚜껑을 자주 열면 치즈가 녹지 않아요.

반찬 없을 때 후다닥 쉽게 만들 수 있는 샐러드를 준비했어요.
유자청을 넣고 만든 소스의 상큼한 향이 입맛을 돋운답니다. 느끼한 음식과 곁들이면 좋아요.

유자드레싱과일샐러드

가을
2주

재료

- 딸기 5개(130g)
- 키위 1개(125g)
- 바나나 1/2개(50g)

드레싱
- 마요네즈·유자청 1큰술씩
- 후춧가루 약간

알아두세요
- 견과류나 건과일 또는 시리얼을 곁들여도 좋아요.
- 아이가 유자청 건더기를 싫어할 수 있으니 제외하고 넣어요.

이렇게 만들어요

1. 딸기는 씻어 꼭지를 뗀 뒤 물기를 제거하고 먹기 좋게 4등분해요.
2. 키위와 바나나도 껍질을 벗긴 후, 먹기 좋게 썰어 주세요.
3. 볼에 분량의 드레싱 재료를 미리 섞어요.
4. 그릇에 딸기, 키위, 바나나를 담고 드레싱을 뿌려 버무려요.

버터와 마늘향이 가득한 갈릭러스크예요.
먹다 남은 식빵을 이용해 만들면 아이들 간식으로도 좋아요.

갈릭러스크

가을 2주

재료

- 식빵 5~6개

소스
- 무염버터 65g
- 마늘 3톨
- 아가베시럽 1과 1/2큰술
- 소금 1/2작은술
- 파슬리가루 약간

알아두세요
- 가염버터를 쓸 경우에는 소금을 빼 주세요.
- 소스 때문에 쉽게 타므로 꼭 약불에서 구워요.

이렇게 만들어요

1. 마늘은 곱게 빻고 무염버터는 실온에 두어 부드러운 상태로 준비하세요.
2. 볼에 분량의 소스 재료를 넣고 고루 섞으세요.
3. 빵에 ②를 앞뒤로 고루 바른 뒤 마른 프라이팬을 달궈 약불에서 앞뒤로 구워 주세요.
4. 빵칼로 1cm 폭으로 썰어 주세요.

이제 우리 아이에게도 인생의 매운맛(?)을 알려줄 때가 되었어요. 조금씩 미각훈련을 해주기 위해서 친숙한 재료인 소시지와 만두로 전골을 끓였지요. 고추장의 매운맛이 달달한 식재료와 섞여 조금 완화되었어요. 매콤한 국물 요리에는 간이 약한 반찬을 곁들여주는 것 잊지 않으셨죠?

콩나물무밥 + 우엉피망잡채 + 소시지만두전골 + 굴카레전 + 감자곤약조림

가을 **3주**

냉장고에 늘 있는 콩나물과 무로 입맛 도는 영양밥을 만들어 주세요. 콩나물이 익으면서 수분이 많이 나와 물의 양을 줄였어요. 봄 6주 봄나물밥에 곁들인 파프리카양념장을 넣고 쓱쓱 비벼 먹어도 맛있어요.

콩나물무밥

가을 3주

재료

- 무 55g
- 콩나물 50g
- 쌀 1컵(180g)
- 쌀뜨물 1컵(200㎖)

이렇게 만들어요

1. 쌀은 물에 3번 씻어 쌀이 넉넉하게 잠기도록 물을 붓고 30분간 불려요.
2. 콩나물은 물에 씻고 무는 0.7㎝ 폭으로 채 썰어요.
3. 불린 쌀을 냄비에 담고 쌀뜨물을 계량해 부은 뒤 강불에서 끓여요. 쌀이 끓어오르면 콩나물, 무를 넣고 약약불로 줄여 10분간 끓인 후 불을 끄고 3분간 뜸들여 주세요.

후루룩 잡채는 아이들이 참 좋아하는 음식이지요. 보통 정성이 들어가는 게 아닌 맛난 잡채를 우엉조림을 활용해 간편하게 완성했어요. 맛있는 우엉피망잡채를 만들어 보세요.

우엉피망잡채

재료

- 당면 200g
- 우엉조림(만드는 법 P. 338 참고) 80g
- 피망·양파 70g씩
- 포도씨유 1과 1/2큰술 · 소금 1/4작은술

당면 양념

- 국간장·진간장·설탕·참기름 1큰술씩
- 다진 마늘 2작은술

볶음 양념

- 굴소스·청주·설탕 1큰술씩
- 진간장 1작은술

이렇게 만들어요

1. 당면은 찬물에 30분간 불리고 끓는 물에 6분간 삶아 찬물에 헹궈 체에 밭쳐요. 분량의 당면 양념을 넣고 조물조물해요.
2. 피망과 양파는 0.7cm 폭으로 채 썬 뒤 달군 프라이팬에 포도씨유를 1/2큰술 두르고 소금을 넣어 살짝 볶아 주세요.
3. 다시 프라이팬에 포도씨유 1큰술을 두르고 밑간한 당면을 넣고 중불에서 부드러워질 때까지 2~3분간 볶아요.
4. ③에 분량의 양념을 넣고 섞어 볶은 뒤 피망, 양파와 우엉조림을 넣어 고루 섞어요.

아이도 맛있게 먹을 수 있는 얼큰한 전골을 만들었어요. 부대찌개와 비슷한 느낌으로 국물이 자작한 전골이에요. 맵지는 않지만 아이가 부담스러워하면 고추장은 빼고 고춧가루만 넣어도 된답니다.

소시지만두전골

재료
- 만두 100g
- 단호박 95g
- 비엔나소시지 90g
- 양파 65g
- 느타리버섯 55g
- 팽이버섯 35g
- 멸치육수 2컵

양념
- 고추장 2작은술
- 고춧가루·간장·국간장·된장·생강술·참기름 1작은술씩

 이렇게 만들어요

1 비엔나소시지는 사선으로 칼집을 낸 뒤 끓는 물에 데쳐 건져요. 볼에 분량의 양념 재료를 넣고 섞어 주세요.

2 느타리버섯은 씻어 손으로 쪽쪽 찢어요. 단호박과 양파는 껍질을 제거하고 사방 1cm 크기로 깍둑 썰어요.

3 전골냄비에 만두, 비엔나소시지, 단호박, 양파, 느타리버섯을 넣고 멸치육수를 부어 강불에서 끓이세요.

4 육수가 끓기 시작하면 양념을 넣어 중약불에서 보글보글 끓여 주세요.

5 단호박과 만두가 익으면 팽이버섯을 넣은 뒤 불을 끄세요.

알아두세요
- 얼큰한 양념장은 미리 만들어 냉장고에서 숙성시켜요.
- 단호박은 크게 썰면 만두가 익는 속도와 맞추지 못해요. 꼭 작게 썰어 주세요.

슬슬 굴이 나오는 계절입니다. 굴은 바다의 우유라고 불릴 만큼 영양이 가득하지만 아이들은 특유의 향과 미끄덩한 질감 때문인지 싫어하지요. 향을 조금 가릴 수 있도록 카레가루를 넣어 구웠더니 잘 먹더라고요.

굴카레전

가을 3주

재료
- 굴 150g
- 깻잎 2장
- 달걀 1개
- 전분·카레가루 1과 1/2큰술씩
- 포도씨유 약간

알아두세요
- 굴은 알이 큰 양식용보다 작은 자연산으로 요리해야 아이가 잘 먹어요.
- 카레가루와 깻잎이 굴의 비릿한 맛을 가려줍니다.

이렇게 만들어요

1. 굴은 엷은 소금물에 넣고 살살 흔들어 씻어서 물기를 제거하세요.
2. 볼에 전분과 카레가루를 넣고 섞어 주세요.
3. 깻잎은 씻어 물기를 제거한 뒤 쫑쫑 다져요. 볼에 달걀을 풀고 깻잎을 넣어 섞어요.
4. 손질한 굴은 ②를 앞뒤로 고루 묻힌 뒤 ③의 달걀물을 입혀 주세요.
5. 달군 프라이팬에 포도씨유를 두르고 굴을 앞뒤로 노릇하게 구워요.

곤약은 변비에 좋은 음식입니다. 곤약에 부족한 탄수화물을 보강할 감자를 넣어 간장 양념에 달콤하게 조렸어요.
쫀득하고 부드러운 식감이 어우러져 무척 매력적입니다.

감자곤약조림

가을 3주

재료

- 감자 390g
- 곤약 200g
- 포도씨유 2큰술
- 통깨 2작은술
- 소금 1/4작은술

양념

- 다시마 1장
- 물 1컵
- 간장 3큰술
- 설탕·올리고당·청주 1큰술씩
- 다진 마늘 1작은술

알아두세요

- 곤약은 떫은맛이 나기 때문에 꼭 데쳐서 조리하세요.

이렇게 만들어요

1. 감자는 씻어 껍질을 벗겨 사방 1cm 크기로 깍둑 썬 뒤 소금을 뿌려 5분간 두세요.
2. 곤약은 끓는 물에 데친 뒤 찬물에 헹궈요. 감자와 같은 크기로 썰어요.
3. 달군 프라이팬에 포도씨유를 두르고 감자를 넣고 볶아 그릇에 덜어두어요.
4. 같은 팬에 올리고당을 제외한 분량의 양념 재료를 넣고 강불에서 끓여요. 끓으면 2분간 졸이다가 다시마는 건져내요.
5. 데친 곤약을 넣고 색이 나면 감자를 넣고 약불에서 졸이다가 국물이 자작해지면 다시 강불로 올려 올리고당을 넣고 섞으세요. 불을 끄고 통깨를 뿌려요.

가을 4주

흰쌀밥 + 해물순두부국 + 돼지고기완자구이 + 무생채 + 배추새우볶음

가을
4주

고추기름을 만들어 칼칼하게 끓인 해물순두부국이에요. 물론 어른들이 먹는 것처럼 칼칼하진 않고요, 색이 빨개서 아이들이 안 먹는다면 고추기름을 뺀 맑은 해물순두부국도 괜찮아요.

해물순두부국

재료

- 순두부 180g
- 오징어 150g
- 피홍합 100g
- 애호박 60g
- 양파 30g
- 멸치육수 1과 1/2컵
- 포도씨유 1큰술
- 고춧가루·국간장·다진 마늘 2작은술씩
- 참기름 1작은술

이렇게 만들어요

1. 오징어는 내장을 제거하고 키친타월로 껍질을 벗겨 먹기 좋은 크기로 썰어요. 홍합은 서로 비벼가며 씻어요.
2. 애호박과 양파는 사방 1.5㎝ 크기로 깍둑 썰어요.
3. 달군 뚝배기에 포도씨유와 참기름을 넣고 약불에서 고춧가루를 고소한 향이 날 때까지 볶아 주세요.
4. 오징어와 홍합을 넣고 볶다가 애호박과 양파를 넣고 볶아요.
5. 국간장을 넣고 해물에서 물이 나오면 멸치육수를 붓고 강불에서 끓여요.
6. 끓어오르면 다진 마늘과 순두부를 넣고 한소끔 끓인 후 불을 끄세요.

알아두세요

- 고춧가루는 반드시 약불에서 타지 않게 볶으세요.
- 멸치육수를 넣고 떠오르는 거품은 숟가락으로 건져내요.

부드러운 돼지고기 안심을 갈아 완자를 만들었어요. 그냥 구워서 토마토케첩에 찍어 먹어도 맛있지만 오늘은 매콤한 소스를 만들어 조렸어요. 완자는 동글동글하게 만드는 것보다 살짝 납작하게 눌러야 빠르게 익어요.

돼지고기완자구이

재료		
	• 돼지고기(안심 다짐육) 250g • 양파 55g • 파프리카 45g • 피망 35g	• 당근 30g • 포도씨유 적당량 • 소금 약간
고기 밑간	• 양파즙 2큰술 • 생강술 1작은술	• 소금 1/4작은술 • 후춧가루 약간
소스	• 토마토케첩·물 2큰술씩 • 간장 1큰술	• 설탕 2작은술 • 고추장·올리고당 1작은술씩

이렇게 만들어요

1. 돼지고기는 키친타월에 올려 핏물을 제거하세요. 볼에 돼지고기와 밑간 재료를 넣고 조물조물한 뒤 30분간 재워요.

2. 양파, 파프리카, 피망, 당근은 작게 다져 주세요.

3. 달군 프라이팬에 포도씨유를 약간 두르고 다진 채소와 소금을 뿌려 볶은 뒤 그릇에 펼쳐 식혀요.

4. 볼에 밑간한 돼지고기와 볶은 채소를 담고 반죽을 모아서 바닥으로 던져가며 치대요.

5. 반죽을 15g씩 떼어 동글납작하게 빚은 뒤 달군 프라이팬에 포도씨유를 두르고 앞뒤로 노릇하게 구워요.

6. 냄비에 분량의 소스 재료를 넣고 끓으면 ⑤에 넣고 강불에서 살짝 조려 주세요.

 알아두세요

• 완자는 넉넉하게 만들어 냉동 보관했다가 조금씩 해동해서 먹으면 편하겠죠.
• 소스는 미리 만들어 냉장고에서 숙성시킨 뒤 요리하면 더 맛있어요.

그냥 먹어도 맛있는 가을 무의 계절이 돌아왔어요.
제철 무는 수분이 많아서 소금에 절이면 물이 흥건하게 나오지만 시원하고 달달해서 생채로 무치면 맛있어요.

무생채

재료

- 무 250g
- 통깨 1작은술
- 소금 1/2작은술

양념

- 식초 2작은술
- 설탕 1작은술
- 고춧가루·매실액·참기름 1/2작은술씩

알아두세요

- 양념을 미리 만들어 둘 시간이 없다면 고춧가루부터 넣어 무의 수분을 빨아들인 후, 차례대로 재료를 넣고 섞으세요.

이렇게 만들어요

1. 무는 0.3cm 폭으로 곱게 채 썬 뒤 소금을 뿌려 잠시 재워 주세요.
2. 절인 무는 손으로 물기를 짠 뒤 볼에 담아 주세요.
3. ②에 고춧가루를 먼저 넣고 무친 뒤 분량의 양념 재료를 차례대로 넣어 조물조물 무쳐요. 통깨를 뿌려 마무리하세요.

달달한 배추 속과 새우를 볶아 고소한 반찬이에요.
봄엔 봄동, 겨울엔 시금치를 넣고 볶아도 맛있어요. 양념 분량을 늘려 우동면을 넣고 요리해도 좋아요.

배추새우볶음

가을 4주

재료

- 새우 15마리
- 배추 200g
- 굴소스 2/3큰술
- 다진 마늘 1작은술
- 올리고당·참기름 1/2작은술씩
- 소금 2꼬집
- 포도씨유 적당량
- 후춧가루 약간

새우 밑간

- 청주 1작은술
- 소금 2꼬집
- 후춧가루 약간

알아두세요

- 새우 대신 조갯살이나 홍합살을 이용해도 좋아요.
- 배추는 강불에서 빠르게 볶아야 물이 생기지 않고 아삭해요.

이렇게 만들어요

1. 새우는 머리와 껍질을 벗기고 칼로 등을 갈라 내장을 제거해 씻어요. 분량의 새우 밑간 재료를 뿌려 잠시 두세요. 배추는 사방 2cm 크기로 썰어 주세요.

2. 달군 프라이팬에 포도씨유를 약간 두르고 새우를 구워 그릇에 담아 두세요.

3. 같은 팬에 포도씨유를 두르고 다진 마늘을 넣어 약불에서 향을 내세요. 배추와 소금, 후춧가루를 넣고 강불에서 볶아요.

4. 배추가 숨이 죽으면 굴소스와 올리고당을 넣고 볶은 뒤 새우를 넣고 섞어 참기름을 뿌려요.

끼니마다 국과 세 가지 이상의 반찬을 차리는 일이 쉽지만은 않아요. 가끔 밥하기 싫은 날 덮밥을 애용하는데요. 샐러드랑 볶음 요리 하나면 쉽고 빠르게 밥상을 차릴 수 있을 뿐 아니라 폼도 나서 좋아요. 특히 아이들이 좋아하는 소시지나 햄은 무조건 안 먹이기보다는 채소와 같이 볶아 영양 듬뿍 레시피로 바꾸는 꾀를 발휘한답니다.

비엔나채소덮밥 + 사과닭고기샐러드 + 감자당근볶음 + 파프리카깍두기

가을
5주

가을 5주

비엔나소시지면 사족을 못 쓰는 아이가 있지요. 우리 아이들도 제가 소시지 금지령을 내렸지만 밖에서 먹다 보니 소시지 맛에 빠져 버렸어요. 아주 가끔 별미로 해주는 덮밥인데 아이들이 정말 맛있게 먹기에 소개합니다.

비엔나채소덮밥

재료
- 밥 180g
- 비엔나소시지 100g
- 숙주 60g
- 양파 30g
- 청경채 25g
- 파 10g
- 다진 마늘 1작은술
- 소금 2꼬집
- 포도씨유 약간

양념
- 물 1컵
- 전분·물·간장 1큰술씩
- 설탕 2작은술

이렇게 만들어요

1. 비엔나소시지는 끓는 물에 데쳐 물기를 제거한 뒤 모양대로 송송 썰어주세요.
2. 숙주는 씻어 물기를 제거하고 청경채는 씻어 쫑쫑 다져요. 양파와 파는 작게 다져주세요. 볼에 전분과 물을 섞어 전분물을 만드세요.
3. 달군 프라이팬에 포도씨유를 두르고 다진 마늘을 넣고 약불에서 볶으세요. 마늘 향이 나면 다진 양파와 파, 소금을 넣고 볶아요.
4. 양파가 투명해지면 비엔나소시지와 청경채를 넣고 살짝 볶은 뒤 물을 붓고 간장, 설탕을 넣고 저어가며 끓여주세요.
5. 끓어오르면 숙주를 올린 다음 전분물을 넣고 걸쭉하게 농도를 맞춰요. 그릇에 밥을 담고 얹어주세요.

알아두세요
- 전분과 물을 섞으면 금방 전분이 가라앉으므로 꼭 다시 휘저어 사용하세요.
- 아이가 3번 정도 먹을 수 있는 분량이에요. 남은 것은 냉장고에 보관했다가 드세요.

가을 5주

닭다리살과 상큼한 사과를 넣은 간장드레싱을 얹은 샐러드를 만들었어요. 쫄깃한 닭다리살과 아삭한 사과의 식감이 좋아요. 닭다리살은 우유에 재운 뒤 물기를 완전히 제거해야 밑간이 잘 배어요.

사과닭고기샐러드

재료	· 닭다리살 140g · 양상추 60g	· 어린잎 40g · 우유 1/4컵
고기 밑간	· 양파즙 2큰술 · 올리브오일 1큰술	· 소금 1/4작은술 · 후춧가루 약간
드레싱	· 사과 60g · 식초 2큰술	· 간장·설탕·통깨·올리브오일 1큰술씩

이렇게 만들어요

1. 닭다리살은 우유를 붓고 30분간 두세요. 재운 닭다리살은 씻어 물기를 제거한 뒤 분량의 밑간 재료를 넣고 조물조물한 후 30분간 재워요.

2. 올리브오일을 제외한 분량의 드레싱 재료를 믹서에 간 뒤 올리브오일을 넣고 섞어 주세요.

3. 밑간한 닭다리살은 마른 프라이팬을 달궈 앞뒤로 노릇하게 구운 후 그릇에 담아 식혀요.

4. 양상추와 어린잎은 얼음물에 씻어 채소스피너로 물기를 완벽히 제거하세요. 그릇에 채소를 담고 닭다리살을 올린 후 드레싱을 뿌리세요.

알아두세요

· 닭다리살을 밑간할 때 타임이나 로즈메리, 오레가노 등 허브 가루를 뿌리면 향이 좋아요.

가을 5주

할 때마다 너무 익어서 툭툭 부러지거나 또는 너무 안 익어서 아삭아삭한 감자볶음만 드셨다면 이 레시피를 따라 해 보세요. 프라이팬 뚜껑을 잘 이용하면 수분을 머금고도 설익지 않아 맛있는 감자볶음을 만들 수 있답니다.

감자당근볶음

재료
- 감자 2개(320g)
- 양파 1/2개(80g)
- 당근 1/3개(80g)
- 물 3큰술
- 포도씨유 2와 1/2큰술
- 소금 1작은술

 이렇게 만들어요

1. 감자와 당근, 양파는 씻어 껍질을 제거하고 0.5cm폭으로 채 썰어요.
2. 채 썬 감자는 씻어 물기를 제거한 뒤 소금으로 밑간해 잠시 둬요.
3. 달군 프라이팬에 포도씨유 1과 1/2큰술을 두르고 감자를 넣어 중약불에서 2분간 볶아요. 감자가 투명해지면 물을 넣고 뚜껑을 덮어 중불에서 익혀요. 중간중간 뚜껑을 열고 팬을 흔들어 젓가락으로 감자를 조심히 저으세요.
4. 굵은 감자를 먹어보고 반쯤 익으면 뚜껑을 열어요. 포도씨유 1큰술과 당근, 양파를 넣고 중불에서 볶아요. 감자가 익으면 소금으로 간해요.

🍃 알아두세요
- 감자는 잘 부서지므로 손목 스냅을 이용해 프라이팬을 들썩들썩 해줘요.
- 감자가 덜 익었을 때 뚜껑을 열고 양파와 당근을 넣어야 세 가지 채소가 고루 익어요.

가을 6주

흰쌀밥 + 얼큰소고기무국 + 생선탕수 + 바지락볶음 + 파프리카김치

가을
6주

무가 제일 맛있는 가을이 왔어요. 살짝 추워지면 따뜻한 소고기국이 생각나지요. 아이 국이라고 맨날 맑은 무국만 끓였다면 이제 고춧가루를 소량 넣은 얼큰한 소고기무국에 한번 도전해 보세요.

얼큰소고기무국

재료

- 소고기(양지머리) 200g
- 무 90g
- 콩나물 80g
- 파 25g
- 멸치육수 3컵
- 국간장 2큰술
- 참기름 1큰술
- 고춧가루·다진 마늘 1작은술씩

이렇게 만들어요

1. 소고기는 키친타월에 올려 핏물을 제거해요.
2. 무는 0.3cm 폭으로 나박 썰고 콩나물은 씻어 물기를 제거하세요. 파는 송송 썰어요.
3. 냄비에 참기름을 두르고 무를 넣고 약불에서 달달 볶아요.
4. 무에서 물이 나오면 소고기를 넣고 볶아요.
5. 소고기에서 육즙이 나오고 냄비에 약간의 수분이 돌면 고춧가루와 국간장을 넣고 볶아요.
6. 멸치육수를 붓고 끓으면 다진 마늘과 콩나물을 넣고 뚜껑을 덮어 약불에서 10분간 끓여요. 파를 넣고 완성해요.

알아두세요

- 매운맛을 길들이려면 국에 고춧가루를 약간씩 넣어 주세요. 뭐든 자주 접해봐야 친해져요.
- 약불에서 더 오랫동안 끓이면 고기 육질이 더 부드러워요.

가을 6주

신선한 생선을 이용해도 좋지만 냉동 대구포를 활용해 손질은 간편하고 쫀득한 맛의 생선탕수를 만들었어요. 두 번 아삭하게 튀겨내는 게 포인트니까 맛있게 튀겨 주세요.

생선탕수

재료	• 대구포(냉동) 200g • 파인애플 70g • 양파 65g • 달걀흰자 10g	• 전분 10큰술 • 물 5큰술 • 포도씨유 적당량
밑간	• 청주 1큰술 • 소금 1/4작은술	• 후춧가루 약간
소스	• 물 1컵 • 설탕 2와 1/2큰술 • 토마토케첩·식초 2큰술씩	• 레몬즙 1큰술 • 간장 2작은술

1
2
3
4
5
6

이렇게 만들어요

1. 볼에 전분과 물을 섞어 반나절 두어요. 물은 따라 버리고 전분 덩어리만 남겨 주세요.
2. 대구포는 해동한 뒤 씻어 물기를 제거하세요. 먹기 좋은 크기로 썬 뒤 밑간 재료를 넣고 20분간 재워요.
3. 볼에 물을 제외한 소스 재료를 넣고 섞어요. 양파와 파인애플은 사방 2cm 크기로 깍둑 썰어요.
4. ①의 전분 덩어리 중 70g만 덜어서 밑간한 대구포에 넣고 섞은 뒤 달걀흰자를 넣고 버무려요.
5. 180℃의 포도씨유에 반죽을 넣고 살짝 튀겨 건진 다음 200℃로 올려 한 번 더 튀긴 뒤 키친타월에 올려요.
6. 냄비에 물을 붓고 끓으면 소스를 넣고 양파, 파인애플을 넣어요. 그릇에 생선탕수를 담고 소스를 부어요.

알아두세요

- 전분 덩어리는 하루 전에 만들어 사용해요.
- 대구포는 밑간하면 살이 단단해진답니다.
- 튀김할 때 반죽을 한꺼번에 넣으면 온도가 급격히 떨어지니 조금씩 넣고 튀겨요.

가을 6주

보통 국을 끓이던 바지락으로 볶음 요리를 해봤어요. 단단한 콜리플라워와 브로콜리에 신선한 바지락 향이 배어 맛있어요. 바지락은 제대로 해감한 후 조리하세요. 아이가 좋아하는 방울토마토나 소시지를 넣어도 깊은 맛이 나요.

바지락볶음

재료
- 바지락 200g
- 브로콜리·콜리플라워·파프리카 40g씩
- 청주 2큰술
- 포도씨유 1큰술
- 소금 1작은술

양념
- 다진 마늘·참기름 1작은술씩
- 고춧가루 1/2작은술

 이렇게 만들어요

1. 바지락은 옅은 소금물에 넣고 뚜껑을 덮은 뒤 해감해요.
2. 파프리카는 씨를 제거하고 2cm 크기로 깍둑 썰어요. 브로콜리와 콜리플라워는 송이대로 잘라 끓는 물에 소금을 넣고 데쳐요. 찬물에 헹궈 물기를 제거해요.
3. 달군 프라이팬에 포도씨유를 두르고 중불에서 파프리카, 브로콜리, 콜리플라워를 볶으세요.
4. ③의 팬에 해감한 바지락을 넣고 뚜껑을 덮어 강불에서 익히세요.
5. 바지락이 입을 열면 청주를 부어 강불에서 볶아요.
6. 분량의 양념 재료를 넣고 강불에서 볶아 완성해요.

알아두세요
- 바지락은 꼭 뚜껑을 덮어 해감해 주세요.

결실의 계절, 지천으로 먹을 것이 넘쳐나요. 수확의 계절 가을이 주는 영양 가득 식재료로 건강 밥상을 차려봤어요. 달달한 무와 버섯은 볶고 깊은 맛이 나는 단배추로 국을 끓였어요. 토종 음식으로 건강한 입맛을 키워주세요.

흰쌀밥 + 단배추버섯달걀국 + 무말랭이멸치조림 + 소고기애호박볶음 + 버섯무들깨볶음

가을
7주

단배추는 단으로 묶어 파는 덜 자란 배추를 말하는 거래요. 잎이 억세지 않고 보들보들해서 맛있어요. 데친 단배추는 조물조물 양념이 속까지 배게 한 뒤 국을 끓여 주세요.

단배추버섯달걀국

가을 7주

재료
- 단배추 110g
- 맛타리버섯 50g
- 달걀 1개
- 멸치육수 3컵
- 소금 1과 1/4작은술

양념
- 국간장 2작은술
- 다진 마늘 1작은술
- 참기름 1/4작은술

알아두세요
- 단배추는 약불에서 볶으면 단맛이 우러나와 국물이 맛있어요.
- 달걀물은 한 번에 다 부으면 국물이 지저분해지니 조금씩 풀어 넣어요.

이렇게 만들어요

1. 단배추는 끓는 물에 소금 1작은술을 넣고 데친 뒤 찬물에 헹궈 물기를 제거해요.
2. 데친 단배추는 쫑쫑 썰어 분량의 양념 재료를 넣고 조물조물 무쳐요.
3. 맛타리버섯은 씻어 먹기 좋게 찢고 달걀은 볼에 풀어 주세요.
4. 냄비에 양념한 단배추를 넣고 약불에서 달달 볶다가 뽀얀 물이 나오면 멸치육수를 붓고 강불에서 끓여요. 끓으면 맛타리버섯을 넣고 소금 1/4작은술을 뿌려 간해요.
5. 달걀물을 조금씩 넣고 숟가락으로 저어가며 우르르 끓인 후 불을 끄세요.

오독오독 씹히는 질감이 좋은 무말랭이와 칼슘이 가득한 멸치를 넣은 조림입니다.
무말랭이는 찬물에 오랫동안 불리면 맛이 떨어지므로 주의하세요. 잔멸치는 눅눅할 경우 팬에 볶아 요리하세요.

무말랭이멸치조림

가을 7주

재료
- 무말랭이·잔멸치 50g씩
- 포도씨유 3큰술

양념
- 물 3큰술
- 간장 1과 1/2큰술
- 설탕·올리고당 1큰술씩
- 참기름·통깨 2작은술씩
- 고춧가루·생강술·다진 마늘 1작은술씩

알아두세요
- 무말랭이가 맵거나 쓸 때는 끓는 물에 소금을 넣고 데쳐 찬물에 헹궈 요리해요.
- 무말랭이는 적당히 잘 불려야 양념이 잘 배어요.

이렇게 만들어요

1. 무말랭이가 잠길 정도로 물을 부은 뒤 바락바락 씻으며 3번 헹궈요. 물기가 있는 채로 30분~1시간 불려요.

2. 달군 프라이팬에 포도씨유를 두르고 잔멸치를 넣고 볶다가 불린 무말랭이를 넣고 같이 볶아 그릇에 덜어 두세요.

3. 프라이팬에 올리고당, 참기름, 통깨를 제외한 양념 재료를 넣고 고루 저어 끓이다 부글부글 끓으면 ②를 넣고 중약불에서 조려요.

4. 강불로 올려 수분을 날린 뒤 올리고당을 넣고 섞어 불을 끄세요. 참기름과 통깨를 뿌려요.

기름기가 적은 채끝살과 애호박을 볶아 영양 반찬을 만들었어요. 애호박은 소금에 살짝 절여서 볶아야 색이 곱죠. 채소는 미리 볶아두고 고기와 섞어야 깔끔하게 볶아져요.

소고기애호박볶음

가을 7주

재료

- 소고기(채끝살) 140g
- 애호박 130g
- 양파 55g
- 포도씨유 1과 1/2큰술
- 소금 2꼬집

고기 양념
- 간장·다진 파 1큰술씩
- 설탕·청주·다진 마늘 1작은술씩

이렇게 만들어요

1 소고기는 핏물을 제거한 뒤 분량의 양념 재료를 넣고 30분간 두세요.

2 애호박과 양파는 0.7cm 폭으로 채 썰어 소금 1꼬집을 뿌려 재운 뒤, 물기를 제거해요.

3 달군 프라이팬에 포도씨유 1/2큰술을 두르고 양파와 소금 1꼬집을 넣어 볶다가 애호박을 넣고 볶아 그릇에 담아요.

4 같은 팬에 포도씨유 1큰술을 두른 뒤 소고기를 볶아주세요. 덜어둔 볶은 채소를 넣고 가볍게 섞어요.

가을 무와 들깨는 뗄래야 뗄 수 없는 사이에요. 부볶음은 무가 살캉살캉하게 잘 익어야 해요.
무를 살짝 데친 뒤 볶아야 너무 무르지도 않고 서걱서걱거리지 않아 맛있지요.

버섯무들깨볶음

가을
7주

재료

- 무 260g
- 느타리버섯 120g
- 물 5큰술
- 들깨가루 2큰술
- 포도씨유 1큰술
- 어간장 1과 1/2작은술
- 들기름·다진 마늘
  1작은술씩
- 소금 2꼬집

이렇게 만들어요

1. 무는 채 썰어 끓는 물에 소금을 넣고 젓가락으로 2~3번 휘휘 저은 뒤 건져 체에 밭쳐 그대로 식혀요.

2. 느타리버섯은 씻어 손으로 쪽쪽 찢어요.

3. 달군 프라이팬에 포도씨유를 두르고 느타리버섯과 소금을 넣고 중 불에서 볶아요. 물이 나오면 무를 넣고 볶다가 어간장과 다진 마늘을 넣어요.

4. 들깨가루를 넣고 살살 볶다가 물을 넣고 뚜껑을 덮고 약불에서 1분 간 끓여요. 한 번 저어 불을 끈 뒤 들기름을 넣어요.

가을 8주

마파두부덮밥 + 애호박소고기전 + 오이달걀샐러드 + 백김치

가을
8주

우리가 흔히 알고 있는 마파두부는 두반장이라는 양념이 들어가는데요. 맛이 강하기도 하고 혹여 아이들에겐 매울까 봐 토마토케첩과 굴소스로 만들었어요. 참치 통조림을 곁들여서 고소합니다.

마파두부덮밥

재료
- 밥 180g
- 두부 110g
- 참치(통조림) 60g
- 파프리카·청경채 25g씩
- 포도씨유 1과 1/2큰술
- 다진 마늘 1작은술
- 소금 4꼬집

소스
- 물 2큰술
- 토마토케첩 1큰술
- 굴소스·설탕 1작은술씩

 이렇게 만들어요

1. 두부는 사방 1.5cm 크기로 썰어 소금 2꼬집을 뿌려 잠시 둬요. 키친타월로 톡톡 두드린 뒤 달군 프라이팬에 포도씨유 1/2큰술을 두르고 노릇하게 구워요.

2. 참치는 체에 밭치고 파프리카와 청경채는 사방 1cm 크기로 썰어요. 볼에 분량의 소스 재료를 넣고 섞어요.

3. 달군 프라이팬에 포도씨유 1큰술을 두르고 다진 마늘을 약불에서 볶아요. 파프리카, 청경채와 소금 2꼬집을 넣고 볶아요.

4. 참치와 소스를 넣고 강불에서 빠르게 섞듯이 볶으세요.

5. 중불로 낮춰 구운 두부를 넣고 살짝 졸이듯 볶아요. 밥에 마파두부를 얹어 먹어요.

알아두세요
- 두부는 너무 바삭 구우면 밥과 함께 먹을 때 술술 넘어가지 않아요. 조금 덜 바삭하게 구워요.

애호박은 가격이 저렴해서 저희 집 단골 재료예요. 소고기를 채운 애호박전은 정성만큼 영양이 듬뿍 든 반찬이죠.
고기에 간이 되어 있어서 잘 타기 때문에 약불에서 구워요.

애호박소고기전

가을
8주

 재료

- 애호박 1개(330g)
- 소고기(설도 다짐육) 160g
- 파프리카 20g
- 달걀 1개   • 소금 1/4작은술
- 밀가루·포도씨유 약간씩

고기 양념
- 간장·다진파 1큰술씩   • 다진 마늘 1작은술
- 청주·설탕 2작은술씩   • 참기름 1/2작은술
- 후춧가루 약간

 이렇게 만들어요

1 소고기는 양념을 넣고 조물조물해 30분간 재워요.

2 애호박은 0.5cm 두께로 썰어 모양깍지로 씨를 판 뒤 소금을 뿌려요. 파프리카는 작게 다지고 달걀은 풀어요.

3 애호박은 키친타월로 닦은 뒤 안쪽까지 밀가루를 앞뒤로 묻혀요. 애호박 속에 소고기를 채워요.

4 달군 팬에 포도씨유를 두르고 약불에서 애호박을 구워요. 한쪽 면이 거의 익으면 파프리카를 얹고 뒤집어 구워요.

으깬 감자와 부드러운 달걀, 새콤하게 절인 오이가 입맛을 돋워주는 샐러드예요.
엄마들에게는 추억의 반찬이기도 하고요. 모든 영양소가 고루 갖춰진 샐러드니 많이 만들어서 샌드위치 속으로도 활용하세요.

오이달걀샐러드

가을 8주

1

2

3

4

재료

- 감자 195g
- 달걀 2개
- 설탕 2작은술
- 후춧가루 약간
- 오이 95g
- 마요네즈 2큰술
- 소금 1/4작은술

오이 밑간

- 식초 1큰술
- 소금 1/4작은술
- 설탕 2작은술

이렇게 만들어요

1. 달걀은 물을 붓고 끓으면 약불에서 8분간 삶아 흰자와 노른자를 분리해요. 흰자는 다지고 노른자는 손으로 보슬하게 풀어요.

2. 감자는 푹 삶은 뒤 뜨거울 때 껍질을 벗겨 으깬 뒤 소금을 넣어요.

3. 오이는 모양대로 썰어 분량의 밑간 재료를 넣고 10분간 절인 뒤 물기를 꼭 짜 주세요.

4. 볼에 달걀흰자와 감자를 넣고 마요네즈, 설탕, 후춧가루를 넣고 버무려요. 마지막에 오이와 노른자를 넣고 가볍게 섞으세요.

성장기 아이의 밥상은 신경 쓸 것 투성이에요. 5대 영양소가 충분히 들어갔는지, 상큼하고 짭조름한 맛이 고루 있는 반찬인지, 제철 재료를 고루 넣었는지 등등 따져야 할 게 참 많지요. 욕심이 앞설수록 저는 제철 식재료의 힘을 믿어요. 가을에 맛있는 밤으로 영양밥을 하고 홍합감자국을 따끈하게 끓였어요. 여기에 버섯조림 등 저장반찬만 있으면 걱정이 사라진답니다.

밤밥 + 미역줄기볶음 + 홍합감자국 + 관자파인애플샐러드 + 꼬막표고버섯간장조림

가을
9주

가을이니깐 고소한 밤밥을 해봤어요.
그냥 먹어도 맛있는 밥이지만 밥 속에 들어 있는 밤을 골라먹는 재미도 있어요.

밤밥

가을 9주

재료

- 밤 75g
- 쌀 1컵(180g)
- 쌀뜨물 270㎖

알아두세요

- 마트에서 껍질을 벗긴 밤을 사면 요리하기 편해요.

이렇게 만들어요

1. 밤은 속껍질까지 벗겨 먹기 좋게 4등분해 주세요.
2. 쌀은 물로 3번 씻은 뒤 쌀이 잠기도록 물을 붓고 30분간 불려요.
3. 냄비에 쌀과 쌀뜨물을 붓고 밤을 넣어 강불에서 끓여요.
4. 쌀이 끓어오르면 약약불로 바꿔 15분간 끓여요. 불을 끄고 10분간 뜸을 들인 뒤 먹어요.

우리 집 아이들이 제일 좋아하는 메뉴 중 하나입니다. 미역은 피를 맑게 해주고 식이섬유가 풍부해요. 염장 미역줄기는 찬물에 담가 짠맛을 뺀 뒤 볶으세요. 따로 양념할 거라 약간 싱거운 게 좋아요.

미역줄기볶음

가을 9주

재료

- 미역줄기(염장) 200g
- 양파 90g
- 당근 80g
- 포도씨유 2큰술
- 다진 마늘 1작은술
- 소금 1/2작은술

양념

- 어간장 2작은술
- 참기름 1작은술
- 설탕 1/2작은술

알아두세요

- 찬물에 헹궈 물기를 잘 제거해야 볶았을 때, 양념이 겉돌지 않아요.
- 미역줄기는 강불에서 빠르게 볶아야 미끄덩하지 않아요.

이렇게 만들어요

1. 미역줄기는 흐르는 물에 2~3번 씻어서 소금을 제거한 뒤 찬물에 30분간 담가요.
2. 양파와 당근은 껍질을 제거한 뒤 0.5cm 폭으로 채 썰어요.
3. 끓는 물에 미역줄기와 소금을 넣고 살짝 데쳐 찬물에 헹궈요. 물기를 제거한 뒤 먹기 좋은 크기로 잘라요.
4. 달군 프라이팬에 포도씨유를 두르고 다진 마늘을 넣어 향을 낸 뒤 미역줄기와 어간장과 설탕을 넣고 볶아요. 마지막에 참기름을 넣고 섞은 뒤 불을 끄세요.

홍합의 시원함과 감자의 담백함이 맛있는 홍합감자국이에요. 홍합을 끓여 육수를 내고 살은 따로 바르는 등 정성이 있어야 끓일 수 있는 국 중 하나입니다. 우리 아이가 잘 먹어주길 바라면서 끓였어요.

홍합감자국

재료
- 피홍합 520g
- 감자 180g
- 애호박 45g
- 파 25g
- 물 3과 1/2컵

이렇게 만들어요

1. 홍합은 수염을 떼고 껍질을 부딪혀가며 씻어요.
2. 냄비에 홍합을 넣고 홍합 윗부분이 살짝 드러날 정도로 물을 부은 뒤 뚜껑을 덮고 끓여요. 끓어오르면 육수는 거르고 살만 발라요.
3. 감자는 0.5㎝ 두께로 나박 썰어요. 애호박도 감자와 같은 두께의 은행잎 모양으로 썰고 파는 어슷 썰어요.
4. 냄비에 ②의 홍합육수 3컵과 감자를 넣고 끓여요.
5. 감자가 살캉하게 익으면 애호박을 넣고 끓어오르면 홍합 살과 파를 넣고 우르르 끓여요.

알아두세요
- 감자는 썬 뒤 씻어 전분기를 없애면 국물이 맑아요.
- 홍합육수 자체가 짭짤해 간을 하지 않았어요. 싱거우면 어간장이나 소금으로 간하세요.

가을 9주

구운 관자의 쫄깃함과 파인애플의 상큼함이 잘 어울리는 샐러드를 소개합니다. 관자는 동그란 모양을 살려야 먹음직스럽지만 아이가 어리다면 큐브 모양으로 썰어도 좋아요.

관자파인애플샐러드

재료	· 관자 110g · 파인애플·양상추 80g씩 · 버터 10g	· 레몬즙 1큰술 · 마늘 2톨
관자 밑간	· 소금 1꼬집 · 후춧가루 약간	
드레싱	· 올리브오일 2큰술 · 양파 10g · 아가베시럽 2작은술	· 간장·식초 1작은술씩 · 참기름 1/4작은술

이렇게 만들어요

1. 관자는 살만 발라 겉에 붙은 얇은 막을 제거한 뒤 씻어요. 모양을 살려 슬라이스하고 밑간 재료를 넣고 잠시 두세요.

2. 양상추는 먹기 좋은 크기로 뜯어 찬물에 씻어 물기를 제거하고 파인애플은 은행잎 모양으로 썰어요. 올리브오일을 제외한 드레싱 재료를 믹서에 간 뒤 올리브오일을 넣고 섞어요.

3. 프라이팬에 버터를 넣고 약불에서 녹인 뒤 편 썬 마늘을 넣고 향이 나면 건져 주세요.

4. 강불로 높여 관자를 넣고 레몬즙을 뿌린 뒤 앞뒤로 살짝 구워요. 그릇에 양상추와 파인애플, 관자를 담고 드레싱을 뿌려요.

알아두세요

· 관자는 강불에 재빠르게 구워내야 부드러워요.
· 레몬즙은 살균 작용을 도우므로 꼭 뿌려 주세요.
· 샐러드는 채소에 물기가 없어야 모든 재료가 맛깔스럽게 어우러져요. 물기를 완벽하게 제거하세요.

가을
9주

한창 꼬막이 많이 나올 시기예요. 매번 삶아 양념장에 찍어 먹던 꼬막을 변신시켰어요. 싱싱한 꼬막과 향긋한 표고버섯을 조려 짭조름한 밑반찬을 만들어 주세요.

꼬막표고버섯간장조림

재료	· 꼬막 800g	· 굵은소금 약간
	· 표고버섯 100g	
조림장	· 사과 120g	· 간장·청주 2큰술씩
	· 양파 80g	· 설탕·올리고당 1큰술씩
	· 마늘 6톨	· 통후추 1/2작은술
	· 물 2와 1/2컵	

이렇게 만들어요

1. 꼬막은 굵은소금을 뿌려 고무장갑을 끼고 바락바락 씻어요. 냄비에 꼬막과 꼬막이 잠길 정도로 물을 붓고 끓여요.

2. 꼬막 1~2개가 입을 열면 얼른 꺼내 체에 밭쳐 식힌 뒤 살만 발라요.

3. 표고버섯은 꼭지를 떼고 사방 1cm 크기로 썰어요.

4. 냄비에 올리고당을 제외한 조림장 재료를 넣고 강불에서 끓여요. 표고버섯을 넣어 끓어오르면 중불로 낮춰요.

5. 양념장이 반으로 줄면 사과와 양파, 마늘을 건져요.

6. 꼬막살을 넣고 강불에서 끓이다 끓어오르면 중불로 낮춰 양념장이 1/3 정도 남을 때까지 졸여요. 다시 강불로 올려 거의 졸아들면 불을 끄고 올리고당을 넣어요.

알아두세요

· 꼬막살은 처음부터 넣고 조리면 질겨지고 쪼그라드니 중간에 넣어 주세요.
· 중간중간 거품이 일면 국자로 걷어내며 조려요.

가을 10주

녹두밥 삼치단호박조림 닭개장 홍합치즈구이 오이소고기버섯볶음

어린이 성장에 좋은 필수 아미노산이 풍부한 녹두밥을 지었어요.
깐 녹두를 구하지 못했다면 녹두를 하루 정도 불려 껍질을 제거한 후 사용하세요.

녹두밥

재료

- 깐녹두 25g
- 쌀 1컵(180g)
- 쌀뜨물 270㎖

이렇게 만들어요

1. 깐녹두는 씻어 하루 정도 불려 주세요.
2. 쌀은 물로 3번 씻은 후 쌀이 잠기도록 물을 넉넉하게 붓고 30분간 불려요.
3. 불린 쌀은 체에 밭쳐 냄비에 담고 거른 쌀뜨물과 깐녹두를 넣어 강불에서 끓여요. 쌀이 끓어오르면 중약불로 바꿔 15분간 끓여주세요. 불을 끄고 10분간 뜸들여요.

대표적인 등푸른 생선 중 하나인 삼치는 아이의 두뇌 발달에 도움을 준다고 하죠. 고등어와 비슷하게 생겼지만 식감이 부드러워요. 조림으로 먹으면 영양 성분의 손실을 최소한으로 줄일 수 있어요.

삼치단호박조림

가을 10주

재료
- 삼치 1/2마리(285g)
- 단호박(씨 제거한 것) 250g
- 양파 70g • 맛타리버섯 60g
- 물 1/4컵 • 청주 1큰술
- 소금 1/4작은술

양념
- 물 1컵 • 간장 2큰술
- 생강술·국간장·설탕
 ·고춧가루·다진 마늘 1큰술씩
- 고추장 2작은술
- 된장 1작은술

이렇게 만들어요

1 삼치는 3등분한 후 씻어 물기를 제거한 뒤 청주와 소금을 뿌려 잠시 둬요.

2 단호박은 껍질째로 네모지게 썰고 양파도 깍둑 썰어요. 맛타리버섯은 살짝 씻어요. 볼에 양념 재료를 넣어 섞어요.

3 냄비에 단호박과 물을 붓고 중불에서 끓여요. 끓어오르면 삼치와 양파, 양념을 넣어요. 중불에서 끓이다 약불로 낮춰요.

4 삼치에 양념장을 끼얹으며 조리다가 맛타리버섯을 넣어요.

가을 10주

이제 얼큰한 닭개장 맛도 알게 된 아이들이 있지요. 그 맛을 알게 되면 다 컸나 싶기도 해요. 어른이 먹는 것보다 고춧가루를 덜 넣었지만 감칠맛이 좋은 가을 보양식입니다.

닭개장

재료
- 닭 1kg(1마리)
- 느타리버섯·고사리 70g씩
- 콩나물·파 50g씩
- 국간장 2큰술
- 다진 마늘 2작은술

육수
- 물 1ℓ
- 양파 150g
- 파 80g
- 마늘 50g

양념장
- 국간장 1큰술
- 고춧가루·다진 마늘·참기름 2작은술씩
- 소금 1/2작은술

이렇게 만들어요

1. 고사리는 끓는 물에 데쳐 물기를 짜고 5cm 길이로 썰어요. 느타리버섯은 찢고 콩나물은 씻어요.

2. 닭은 속까지 훑어가며 씻어 꽁지를 잘라요. 냄비에 닭과 육수 재료를 넣고 강불에서 끓여요. 끓으면 중약불로 낮춰 50분간 끓여요. 중간중간 불순물을 걷어내요.

3. 닭과 채소는 건지고 국물은 베보자기에 걸러요.

4. 볼에 닭살과 고사리, 느타리버섯을 담고 양념 재료를 넣어 조물조물 무쳐요.

5. 냄비에 뼈와 물 2컵을 넣고 강불에서 끓여요. 중약불에서 40분간 끓여 뼈는 건져요. ④를 넣고 강불에서 끓여요.

6. 다진 마늘과 국간장, 콩나물과 어슷 썬 파를 넣어 약불에서 10분간 끓여요.

알아두세요
- 싱거우면 소금으로 간하세요.
- 양념한 닭살과 고사리, 느타리버섯을 살짝 볶은 뒤 닭육수를 넣고 끓이면 맛이 더 깊어요.

홍합이나 굴 같은 어패류를 아이에게 먹이는 건 여간 힘든 일이 아니죠. 그래서 미역국이나 스파게티에 숨겨 넣지만 물컹한 식감을 영 꺼리지요. 고민 끝에 홍합 위에 모차렐라치즈를 얹어 구워봤답니다.

홍합치즈구이

가을
10주

재료
- 홍합 30개(460g)
- 양파 30g
- 피망(빨간색·초록색) 20g씩
- 모차렐라치즈 적당량

소스
- 스위트칠리소스·토마토케첩 2큰술씩
- 아가베시럽 1/2작은술
- 간장 1/4작은술
- 후춧가루 약간

알아두세요
- 홍합은 입을 살짝 벌리면 5초 후에 꺼내요.
- 채소는 반드시 볶아 수분을 날려야 해요. 생것을 소스와 섞으면 구웠을 때 물이 생겨요.
- 모차렐라치즈는 껍질 바깥으로 나오게 듬뿍 얹으면 탈 수 있으니 주의하세요.

이렇게 만들어요

1. 홍합은 수염은 떼어내고 껍질끼리 부딪혀가며 씻어요. 끓는 물에 홍합을 넣고 입을 살짝 벌리면 바로 꺼내 한쪽 껍질만 떼요.
2. 양파와 피망은 작게 다진 뒤 마른 프라이팬에 볶아 수분을 날려요.
3. 볼에 분량의 소스 재료를 넣고 저은 뒤 볶은 채소와 섞어요.
4. 홍합에 ③을 숟가락으로 떠서 얹은 뒤 모차렐라치즈를 뿌려요.
5. 프라이팬에 종이포일을 깔고 홍합을 얹은 뒤 약불에서 뚜껑을 덮고 5~10분간 구워요.

꼬들꼬들하게 결여 식감이 좋은 오이와 버섯과 소고기를 양념하여 볶았어요.
소고기에서 나오는 육즙과 함께 어우러져 맛있는 볶음 반찬이 되었어요.

오이소고기버섯볶음

가을
10주

재료

- 오이 1개(170g)
- 맛타리버섯 180g
- 소고기(우둔 다짐육) 100g
- 포도씨유 1과 1/2큰술
- 참기름 1작은술
- 소금 1/2작은술

고기 밑간

- 청주 1큰술
- 소금 1/4작은술
- 후춧가루 약간

양념

- 간장 1큰술
- 설탕 2작은술
- 굴소스·다진 마늘 1작은술씩

알아두세요

- 오이는 소금에 절였다 볶아야 색도 곱고 아삭거려요.
- 모든 채소는 따로따로 볶아야 보기도, 맛도 좋아요.

이렇게 만들어요

1. 소고기는 핏물을 제거한 뒤 고기 밑간 재료를 넣고 조물조물한 후 20분간 두세요.
2. 오이는 길게 반 잘라 숟가락으로 씨를 발라낸 뒤 어슷 썰어요. 소금 1/4작은술을 뿌려 잠시 둔 뒤 물기를 꼭 짜요. 맛타리버섯은 먹기 좋게 손으로 찢어요.
3. 달군 프라이팬에 포도씨유 1큰술을 두르고 버섯과 소금 1/4작은술을 뿌려 약불에서 볶다가 수분이 생기면 강불로 올려 볶아요. 오이를 넣고 섞어 휘리릭 볶은 뒤 덜어요.
4. 같은 팬을 달궈 포도씨유 1/2큰술을 두르고 강불에서 소고기를 넣고 반쯤 익으면 ③과 분량의 양념을 넣고 강불에서 볶은 뒤 참기름을 넣고 섞어요.

특별한 반찬이 없을 때 볶음밥은 엄마의 부담을 덜어주는 일품요리입니다. 보통 김치볶음밥이나 오므라이스를 많이 해주는데 저는 가끔 냉동만두와 토마토케첩을 밥과 볶아 별미로 활용해요. 부족한 단백질과 무기질은 연어를 넣은 시금치무침과 연근조림으로 채워주면 됩니다.

만두볶음밥 + 연어시금치무침 + 콜리플라워마요샐러드 + 연근조림

가을
11주

가을
11주

냉장고 속 자투리 채소와 냉동만두를 넣고 만든 볶음밥이에요. 만두를 터트려 먹는 재미가 쏠쏠해 우리 아이들에게는 인기 만점이에요. 소스를 활용해 만두도리아로 만들어도 색다릅니다.

만두볶음밥

재료
- 밥 1공기(180g)
- 만두 130g
- 당근·양파 30g씩
- 피망 20g
- 모차렐라치즈 4큰술
- 소금 1/4작은술
- 포도씨유 약간

소스
- 물 3큰술
- 토마토케첩 2큰술
- 스위트칠리소스 1큰술
- 다진 마늘·아가베시럽 1작은술씩

이렇게 만들어요

1 만두는 냉장고에서 해동시켜요. 당근, 양파, 피망은 작게 깍둑 썰어요. 볼에 분량의 소스 재료를 넣고 고루 섞어요.

2 달군 프라이팬에 포도씨유를 두르고 깍둑 썬 채소와 소금을 넣고 볶아 주세요.

3 ②에 해동한 만두를 넣고 중불에서 볶아요.

4 만두가 익을 때쯤 뜨거운 밥을 넣고 주걱으로 섞으세요.

5 소스를 넣고 고루 섞은 뒤 모차렐라치즈를 올려 주세요.

알아두세요
- 모차렐라치즈 대신 파마산치즈를 얹어도 좋아요. 치즈를 올린 뒤 뚜껑을 덮어 여열로 치즈를 녹여 주세요.

가을 11주

매번 참기름과 간장에 무친 시금치는 아이들도 좀 식상할 거예요. 바삭 구운 연어와 시금치를 무쳤더니 의외로 잘 어울리네요. 연어는 가시가 군데군데 박혀 있으므로 꼭 손으로 가시를 제거한 뒤 구워요.

연어시금치무침

재료	· 연어 180g · 시금치 100g	· 소금 1작은술
연어 밑간	· 생강술 2작은술 · 소금 1/4작은술	· 후춧가루 약간
양념	· 다진 파 2큰술 · 소금 1/4작은술	

이렇게 만들어요

1. 연어는 손으로 껍질을 벗기고 분량의 밑간 재료를 넣어 10분간 재워 주세요.
2. 시금치는 씻어 물기를 제거한 뒤 끓는 물에 소금을 넣고 데쳐요. 찬물에 헹궈 물기를 제거하세요.
3. 달군 프라이팬에 연어를 넣고 중약불에서 앞뒤로 노릇하게 구워요.
4. 볼에 시금치와 연어, 분량의 양념 재료를 넣고 조물조물 섞어 주세요.

알아두세요
· 연어는 살이 부드러워 구운 뒤 젓가락으로 부수면 됩니다.

브로콜리와 비슷하게 생긴 콜리플라워는 비타민이 풍부하고 브로콜리보다 맛이 부드러워서 좋아요.
줄기와 꽃봉오리까지 버릴 것이 없는 콜리플라워와 고소한 크래미를 마요네즈소스에 버무려 색달라요.

콜리플라워마요샐러드

가을 11주

재료
- 콜리플라워 130g
- 오렌지·크래미 60g씩
- 사과 1/4개(30g)
- 블랙올리브 5개(15g)
- 소금 약간

소스
- 마요네즈 4큰술
- 설탕 2작은술
- 레몬즙 1작은술
- 소금 1/4작은술
- 후춧가루 약간

알아두세요
- 콜리플라워나 브로콜리는 꽃봉오리가 활짝 핀 것보다 오밀조밀한 것이 싱싱해요.
- 줄기 부분은 전을 부치거나 초고추장에 찍어 드세요.

이렇게 만들어요

1. 콜리플라워는 끓는 물에 소금을 넣고 데친 뒤 찬물에 씻어 물기를 제거해요. 송이대로 먹기 좋게 썰어 주세요.
2. 오렌지와 사과는 껍질을 제거하고 깍둑 썰어요. 크래미도 깍둑 썰고 블랙올리브는 모양을 살려 썰어 주세요.
3. 볼에 분량의 소스 재료를 넣고 섞은 뒤 모든 재료를 담아 버무려요.

뿌리채소인 연근은 비타민 C와 식이섬유가 풍부해요. 연근조림이 은근 간이 잘 배지 않아 만들기 어렵기도 한데요. 이 레시피대로만 따라 하면 아삭아삭한 연근조림을 완성할 수 있어요.

연근조림

가을 11주

재료

- 연근 375g
- 포도씨유 2큰술
- 올리고당·참기름
  ·통깨 1큰술씩
- 식초 1작은술

양념장

- 물 550㎖
- 간장·설탕 4큰술씩
- 청주 2큰술

알아두세요

- 연근은 식촛물에 삶으면 아린 맛이 제거됩니다. 삶은 후에는 꼭 흐르는 물에 씻어요.
- 연근조림은 불 조절이 중요하니 꼭 지켜요.

이렇게 만들어요

1. 연근은 껍질을 제거하고 0.3cm 두께로 썰어 물에 담가 주세요. 끓는 물에 식초와 연근을 넣고 중불에서 10분간 삶은 뒤 찬물에 헹궈 체에 밭쳐요.
2. 볼에 양념장 재료를 넣고 고루 저어 설탕을 녹여 주세요.
3. 달군 프라이팬에 포도씨유를 두르고 연근을 볶다가 연근이 코팅되면 양념장을 붓고 강불에서 끓여 주세요.
4. 양념장이 끓어오르면 중불로 낮춰 졸이다가 국물이 자작하게 남으면 강불로 바꿔요.
5. 올리고당을 넣고 섞은 뒤 참기름, 통깨를 넣고 버무려요.

가을 12주

흰쌀밥 + 돼지고기비지찌개 + 어묵치킨볼 + 우엉조림 + 단호박햄볶음

가을 12주

두부를 만들고 남은 찌꺼기가 바로 비지이지요. 영양소가 풍부해 버리기 아까운 재료예요. 달달 맛있게 볶은 신김치에 돼지고기와 보글보글 비지를 넣어 끓이면 담백하고 고소한 비지찌개가 완성되어요. 아이들이 먹을 거라 고춧가루 대신 김치국물만 넣어서 만들었어요.

돼지고기비지찌개

재료

- 신김치 200g
- 돼지고기(찌개용 목심)·콩비지 150g씩
- 멸치육수 1/2컵
- 파 10g
- 김치국물 2큰술
- 국간장 1큰술
- 참기름 2작은술
- 후춧가루 약간

고기 밑간
- 생강술 1작은술
- 소금 1/4작은술

이렇게 만들어요

1. 돼지고기는 먹기 좋은 크기로 자른 뒤 분량의 밑간 재료를 넣고 조물조물 한 후 20분간 두세요.
2. 신김치는 흐르는 물에 씻은 뒤 물기를 제거하고 쫑쫑 썰어요. 파는 어슷 썰어요.
3. 냄비에 참기름을 두르고 씻은 김치를 약불에서 달달 볶아 주세요.
4. 고소한 향이 나면 돼지고기를 넣고 볶다가 거의 익으면 국간장을 넣고 볶아요.
5. ④에 김치국물과 멸치육수를 넣고 끓인 뒤 콩비지를 넣고 약불에서 끓여요. 파를 넣고 불을 끄세요.

알아두세요

- 비지는 약불에서 뭉근하게 끓여야 맛이 좋아요.
- 신김치를 달달 볶아야 깊은 맛이 나요.
- 아이가 칼칼한 맛을 즐긴다면 돼지고기를 볶을 때 고춧가루 1작은술을 넣고 볶다가 국간장을 넣어요.

가을 12주

길거리 음식인 치킨볼은 먹일 때 염려가 되지요. 어묵과 버섯을 넣어 더 건강하고 맛있는 엄마표 치킨볼을 만들었어요. 어묵 대신 흰살 생선을 곱게 다져서 반죽에 섞어도 맛있어요. 어묵튀김인지 닭튀김인지 아리송하지만 우리 집 아이들은 맛이 최고라고 엄치손가락을 치켜세워요.

어묵치킨볼

재료

- 닭가슴살 130g
- 어묵 125g
- 양송이버섯 80g
- 양파 50g
- 포도씨유 2와 1/2컵
- 우유 1/2컵
- 소금 1꼬집

이렇게 만들어요

1. 닭가슴살은 우유에 30분간 담근 뒤 흐르는 물에 씻어 깍둑 썰어 주세요.
2. 어묵과 양파는 적당한 크기로 깍둑 썰어요. 양송이버섯은 씻어 껍질을 벗겨요.
3. 달군 팬에 양송이버섯과 양파를 넣고 소금을 뿌려 볶아 수분을 제거하세요.
4. 프로세서에 닭가슴살, 어묵, 양송이버섯, 양파를 넣고 곱게 갈아요. 약 10g씩 떼어내 손으로 쥔 뒤 그릇에 담아요.
5. 180℃의 포도씨유에 치킨볼을 하나씩 넣어 튀긴 뒤 키친타월에 올려 기름기를 제거해요.

알아두세요

- 버섯과 양파는 볶아 수분을 날린 뒤 반죽해야 튀길 때 기름이 튀지 않고 바삭해요.
- 프로세서가 없을 경우에는 칼로 곱게 다지세요.

싱싱한 뿌리채소가 많이 나는 가을이에요. 곱게 채 썰어 조린 우엉조림은 김밥에 넣어도 맛있고 밥반찬으로도 인기가 많아요. 들기름을 넣어 고소하고 맛있는 우엉조림입니다.

우엉조림

가을 12주

재료

- 우엉 280g
- 포도씨유 2큰술
- 들기름 1큰술
- 통깨 2작은술
- 식초 1작은술

양념장

- 물 1과 1/2컵
- 간장·청주 3큰술씩
- 설탕 2큰술
- 올리고당 1큰술

알아두세요

- 우엉조림은 양념이 자작할 때 올리고당을 넣어 윤기나게 강불에 볶으세요.
- 마지막에 올리고당을 2큰술 더 넣으면 달콤한 맛의 우엉조림이 완성되어요.

이렇게 만들어요

1. 우엉은 칼등으로 껍질을 벗긴 뒤 씻어 0.5cm 폭으로 채 썰어 물에 담가요.
2. 끓는 물에 식초와 채 썬 우엉을 넣고 살짝 데친 뒤 체에 밭쳐 물기를 제거해요.
3. 달군 프라이팬에 포도씨유를 두르고 우엉을 넣고 중불에서 볶아요.
4. 우엉이 부드럽게 볶아지면 올리고당을 제외한 분량의 양념장을 넣고 중불에서 졸여요. 거의 졸아들고 양념장이 자작해지면 올리고당을 넣고 강불에서 바짝 졸여요.
5. 들기름을 넣고 섞어준 뒤 불을 끄고 통깨를 뿌려요.

달콤한 단호박과 아이들이 좋아하는 햄을 같이 볶아봤어요.
살짝 고춧가루를 넣어 칼칼하게 한 뒤 어간장으로 간을 하여 깊은 맛을 냈습니다.

단호박햄볶음

가을 12주

재료

- 단호박 120g
- 햄 110g
- 양파 35g
- 포도씨유 1큰술
- 고춧가루·어간장 1/2작은술씩
- 소금 1/4작은술

알아두세요

- 햄은 뜨거운 물에 한 번 데쳐야 볶았을 때 맛이 깔끔해요.
- 어간장으로 간하기 전에 먼저 고춧가루를 넣고 살짝 볶아야 맛이 칼칼해요.

이렇게 만들어요

1 껍질을 벗긴 단호박과 햄, 양파는 4cm 길이로 채 썰어요.

2 끓는 물에 햄을 살짝 데친 뒤 체에 밭쳐 물기를 제거하세요.

3 달군 프라이팬에 포도씨유를 두르고 채 썬 단호박을 넣고 볶아 반쯤 익으면 양파를 넣고 소금을 뿌려 볶다가 햄을 넣고 볶으세요.

4 햄이 익으면 고춧가루를 넣어 볶고 색이 입혀지면 어간장으로 간한 뒤 불을 끄세요.

따끈한 국물이 생각나는 초겨울 밤이에요.
날이 쌀쌀해지면 어묵국이 생각나더라고요.
오늘은 칼칼한 어묵김치국과 아이들이 좋아
하는 길거리 음식 치킨윙을 제 손으로 직접
만들어봤어요.

흰쌀밥 + 어묵김치국 + 오징어파프리카볶음 + 간장치킨윙 + 무두부조림

가을
13주

날씨가 쌀쌀해지면 어묵 한 봉지로 아이 반찬과 간식 등 해먹을 게 참 많아요.
오늘은 김치와 함께 시원하게 국을 끓여봤어요. 아이가 매운 걸 좋아하면 김치 속을 털지 말고 칼칼하게 끓여 주세요.

어묵김치국

가을 13주

재료

- 김치 220g
- 어묵 100g
- 애호박 20g
- 멸치육수 3과 1/2컵
- 김치국물 2큰술
- 국간장·참기름 1작은술씩

알아두세요

- 좀 더 깔끔한 국물을 내고 싶을 때는 김치를 참기름에 볶지 않고 멸치육수를 끓인 뒤 다른 재료와 함께 넣고 푹 끓이세요.

이렇게 만들어요

1. 김치는 속을 턴 뒤 씻어서 물기를 제거한 후 쫑쫑 썰어요. 어묵과 애호박도 김치와 비슷한 크기로 썰어 주세요.
2. 냄비에 참기름과 김치를 넣고 약불에서 달달 볶으세요. 고소한 향이 나면 멸치육수를 붓고 강불에서 끓여요.
3. 국물이 끓어오르면 애호박, 어묵, 김치국물, 국간장을 넣고 끓여요. 애호박이 익으면 불을 끄세요.

가격이 만만하면서도 맛있는 식재료 중에 오징어를 빼놓을 수가 없지요. 오징어는 초고추장에 푹 찍어 먹어도 좋지만 볶으면 밥반찬이 된답니다. 고추장 대신 간장 양념에 볶아 감칠맛이 일품이에요.

오징어파프리카볶음

가을 13주

재료

- 오징어 220g
- 파프리카 120g
- 피망 25g
- 포도씨유 1큰술
- 생강술 1작은술
- 참기름 1/2작은술

양념

- 간장 1큰술
- 올리고당·청주 1/2큰술씩
- 설탕·다진 마늘 1작은술씩

알아두세요

- 오징어는 오래 볶으면 질겨지므로 강불에서 빠르게 볶으세요.

이렇게 만들어요

1 오징어는 내장과 껍질을 제거한 뒤 1㎝ 폭으로 썰어 주세요.

2 파프리카와 피망은 씨와 속살을 제거하고 오징어와 같은 크기로 채 썰어요.

3 볼에 분량의 양념 재료를 넣고 고루 섞어요.

4 달군 프라이팬에 포도씨유를 두른 후 오징어와 양념 1큰술을 넣고 볶다가 생강술을 넣으세요.

5 오징어가 반쯤 익으면 남은 양념과 파프리카, 피망을 넣고 볶아요. 참기름을 넣고 휘리릭 볶아 완성하세요.

가을 13주

국민간식이라 불리는 치킨은 이제 집에서도 많이들 해먹지요. 집에서 튀김을 하면 늘 기름 처리가 곤란해요. 그래서 좀 더 간단하게 닭을 튀길 수 있는 방법을 고민해 간장치킨윙을 만들었어요.

간장치킨윙

재료
- 닭날개 15개(500g)
- 우유·전분·포도씨유 1컵씩

닭날개 밑간
- 양파즙 2큰술
- 소금 1/2작은술
- 후춧가루 약간

소스
- 물 4큰술
- 설탕 1과 1/2큰술
- 간장 1큰술
- 다진 마늘 1과 1/2작은술
- 버터 1작은술

 이렇게 만들어요

1. 닭날개는 우유에 담가 30분간 재워 물에 씻은 뒤 키친타월로 닦아요. 비닐팩에 밑간 재료와 닭을 넣어 버무린 후 냉장고에서 30분간 숙성해요.
2. 볼에 버터를 제외한 소스 재료를 넣고 섞어요.
3. 비닐팩에 전분과 밑간한 닭날개를 넣고 흔들어요.
4. 프라이팬에 포도씨유를 붓고 전분을 살짝 떨어뜨려 기름이 우르르 끓어오르면 닭날개를 차례로 넣어 중불에서 5분간 구운 뒤 뒤집어서 5분간 튀긴 다음 키친타월에 올려 기름기를 제거해요.
5. 달군 프라이팬에 버터를 녹여 소스를 넣고 끓여요.
6. 볼에 튀긴 닭날개와 소스를 넣고 뒤적뒤적거려 완성해요.

알아두세요
- 전분을 입힌 닭날개는 전분이 닭에 흡수될 때까지 기다렸다가 튀기세요.
- 닭날개는 앞뒤 면 각각 5분씩 시간을 지켜 구우면 오븐에 넣지 않고도 잘 익어요.
- 튀긴 닭날개는 소스에 조리기보다 살짝 입혀야 짜지 않고 맛있어요.

가을
13주

가을철 무를 샀는데 쓰고 떫다면 아마 저장 무일 거예요. 제철 무와 영양 덩어리 두부를 함께 조렸어요. 무를 폭 삶아 간이 배도록 조리면 밥도둑이 따로 없답니다.

무두부조림

재료
- 무 220g
- 두부 210g
- 물 1/2컵
- 포도씨유 1큰술
- 소금 1/2작은술

조림장
- 멸치육수 5큰술
- 간장 3큰술
- 고춧가루·설탕·청주 1큰술씩
- 다진 마늘 1작은술씩
- 후춧가루 약간

이렇게 만들어요

1. 두부는 폭 1.5cm, 길이 4cm로 썰어 키친타월에 얹은 뒤 소금을 뿌려 잠시 두세요.

2. 무도 씻어 두부와 같은 크기로 썰어 주세요.

3. 볼에 분량의 조림장 재료를 섞어 주세요.

4. 두부는 키친타월로 물기를 제거한 뒤 달군 프라이팬에 포도씨유를 두르고 노릇하게 구워 그릇에 담아요.

5. 냄비에 무와 조림장 2큰술을 담고 물을 부어 끓여요. 끓어오르면 약불에서 5분간 무를 익혀 주세요.

6. 두부와 남은 조림장을 넣고 뒤적여준 뒤 약약불로 줄여 조림장이 자작하게 남을 때까지 뚜껑을 덮고 조려요. 중간중간 조심히 뒤적여 주세요.

알아두세요
- 두부는 소금을 뿌려 잠시 재워야 단단해지고 간도 뱁니다.
- 구운 두부는 꼭 키친타월에 얹어 기름기를 제거하세요.
- 무가 푹 익어야 무에서 나오는 즙이 양념과 어우러져요.

겨울
winter

겨울 1주

흰쌀밥 + 두부황태국 + 잣소스닭가슴살무침 + 칠리새우구이 + 홍합부추전

겨울 1주

구수하게 끓인 황태국에 달걀을 넣어서 부족한 단백질을 채워줬어요. 여기에 부드러운 두부를 넣으면 씹는 맛이 좋아 아이들이 참 좋아합니다.

두부황태국

재료

- 두부 100g
- 황태채 40g
- 달걀 1개
- 파 20g
- 물 4컵
- 참기름 1큰술
- 소금 1작은술

 이렇게 만들어요

1. 황태채는 물을 뿌려 촉촉하게 만들어 주세요.
2. 두부는 사방 1cm 크기로 깍둑 썰고 파는 어슷 썰어 주세요. 볼에 달걀을 풀어줘요.
3. 냄비에 참기름을 두르고 황태채를 넣어 약불에서 부드럽게 볶아요.
4. 물을 붓고 끓으면 뚜껑을 덮고 중약불에서 국물이 뽀얗게 되도록 끓인 뒤 두부와 파를 넣고 소금 간을 하세요. 달걀물을 조금씩 넣으며 중불에서 숟가락으로 저어 주세요.

알아두세요

- 황태채를 볶을 때 너무 건조하다 싶으면 물 1~2큰술을 넣고 볶아요.
- 달걀물은 넣으면서 빨리 저으면 국이 지저분해지고 늦게 저으면 덩어리가 져요. 달걀물을 부은 뒤 다섯을 센 다음 저어 주세요.

겨울 1주

몸에 좋은 닭가슴살은 퍽퍽한 식감 때문에 어떻게 요리하느냐가 참 중요하죠. 닭가슴살을 고소하고 맛깔스럽게 잣소스로 무쳐봤어요. 잣을 아이가 먹을까 의아하겠지만, 땅콩버터를 넣어 친숙할 거예요.

잣소스닭가슴살무침

| 재료 | • 닭가슴살 1개(120g) | • 파프리카(빨간색) 40g |
| | • 오이 150g | • 소금 1/4작은술 |

향신 재료	• 물 2와 1/2컵	• 월계수잎 1장
	• 양파 1/2개(55g)	• 통후추 1/2작은술
	• 마늘 5톨	

소스	• 식초·물 2큰술씩	• 소금 3꼬집
	• 잣·땅콩버터·아가베시럽	
	·마요네즈·올리브오일 1큰술씩	

 이렇게 만들어요

1 냄비에 분량의 향신 재료를 넣고 끓여요. 끓어오르면 닭가슴살을 넣고 10~15분간 삶아요.

2 오이는 껍질을 돌려 깎은 뒤 채 썰어 소금을 뿌려 잠시 두었다 물기를 짜요. 파프리카도 오이와 같은 두께로 채 썰어요.

3 닭가슴살을 건져 식힌 뒤 손으로 쪽쪽 찢으세요.

4 올리브오일을 제외한 소스 재료를 믹서에 간 뒤 올리브오일을 넣고 잘 저어요. 볼에 닭가슴살, 오이, 파프리카를 담고 소스를 넣고 버무려요.

알아두세요
• 닭곰탕이나 닭계장 육수를 낸 뒤 닭가슴살만 챙겨두었다가 만들면 일석이조겠죠?
• 닭가슴살은 젓가락으로 찔러 핏물이 나지 않으면 익은 거예요.

살이 탱탱한 새우는 장보러 가면 늘 사오는 재료중 하나예요. 그래서 신선한 새우의 맛을 살릴 수 있는 메뉴를 고민하게 된답니다. 오늘은 칠리새우구이로 솜씨 발휘를 해봤어요.

칠리새우구이

겨울 1주

재료

- 새우 10마리
- 양파 35g
- 피망 30g
- 전분 1/2컵
- 포도씨유 5큰술
- 소금 1꼬집

새우 밑간

- 청주 1작은술
- 소금 1꼬집
- 후춧가루 약간

소스

- 스위트칠리소스·물 2큰술씩
- 간장·다진 마늘 1작은술씩

알아두세요

- 전분을 입힌 새우는 여분의 가루를 탁탁 털어야 깔끔하게 구워져요.
- 새우가 1/3 정도 잠기는 높이까지 포도씨유를 넣어야 튀기듯 구울 수 있어요.

이렇게 만들어요

1. 새우는 손질해 이쑤시개로 등 쪽의 내장을 제거하고 씻은 뒤 분량의 밑간 재료를 넣고 20분간 재워요.
2. 양파와 피망은 사방 0.5cm 크기로 썰어요. 볼에 분량의 소스 재료를 넣고 섞어요.
3. 비닐팩에 전분을 넣고 밑간한 새우를 넣어 가루를 입혀 주세요.
4. 달군 프라이팬에 포도씨유 4큰술을 두른 뒤 새우를 튀기듯이 구워 그릇에 담아 두세요.
5. 다시 달군 프라이팬에 포도씨유 1큰술을 두르고 양파, 피망을 넣고 소금을 뿌려 볶다가 소스를 넣고 바르르 끓으면 구운 새우를 넣고 버무려요.

아이가 홍합의 물컹함을 싫어하면 어쩌나 걱정돼서 홍합을 살짝 데쳐서 반죽한 전입니다. 생것을 넣으면 전이 눅눅해지기 십상이기도 하고요. 보통 아이가 먹는 전은 숟가락으로 떠서 작게 만드는데 이 요리는 젓가락으로 뜯어먹어야 제맛이라 넓게 부쳤어요.

홍합부추전

겨울 1주

재료

- 홍합살 150g
- 부추 90g
- 물 1큰술
- 포도씨유 적당량

부침 페이스트
- 달걀 25g
- 밀가루 5큰술
- 양파즙 1과 1/2큰술
- 찹쌀가루 1큰술
- 설탕 2작은술
- 국간장·다진 마늘 1작은술씩

알아두세요

- 피홍합은 물을 붓고 살짝 데친 뒤 살만 발라 요리하세요. 데친 홍합 육수는 다른 찌개 끓일 때 사용하세요.
- 전을 부칠 때는 포도씨유를 넉넉하게 둘러야 눌러붙지 않고 바삭합니다.

이렇게 만들어요

1. 부추는 깨끗이 씻어서 물기를 털고 5cm 길이로 썰어요.
2. 홍합살은 엷은 소금물에 흔들어 씻은 뒤 체에 밭쳐 끓는 물을 부어 살짝 데친 뒤 다져요.
3. 볼에 분량의 부침 페이스트 재료와 물을 넣고 섞은 뒤 홍합살과 부추를 넣고 섞어요.
4. 달군 프라이팬에 포도씨유를 두르고 반죽을 넓게 펼친 뒤 노릇하게 앞뒤로 구워요.

밥상 차리는 엄마는 참 신경 쓰고 따져야 할 일이 많아요. 아이가 기가 막히게 골라낼 편식 재료는 잘 숨겼는지, 5대 영양소가 골고루 조합되었는지 고민스럽죠. 저는 되도록 한 끼 식사에 육해공 메뉴를 골고루 넣으려고 노력하는 편이에요. 달걀찜에는 쑥갓 등의 채소를 넣고 해산물로 국을 끓였다면 고기볶음을 메인 요리로 정하는 식이죠. 엄마표 건강 밥상은 이런 작지만 큰 원칙으로 완성됩니다.

검정콩밥 + 건새우볶음 + 꽃게탕 + 주꾸미제육볶음 + 쑥갓달걀말이

겨울 2주

우리 몸에 이로운 안토시아닌 색소가 풍부한 검정콩, 서리태가 몸에 좋은 건 모두들 아시죠?
검정콩을 넣고 지은 영양밥입니다.

검정콩밥

겨울
2주

재료

- 검정콩 35g
- 쌀 1컵(180g)
- 쌀뜨물 270㎖

알아두세요

- 밥을 고슬고슬하게 하고 싶다면 물의 양을 10㎖ 줄이세요.

이렇게 만들어요

1. 검정콩은 하루 정도 불려 주세요.
2. 쌀은 물로 3번 씻은 후 쌀이 잠기도록 물을 넉넉히 부어 30분간 두세요.
3. 불린 쌀은 체에 밭쳐 물기를 제거한 뒤 검정콩과 함께 냄비에 담아 주세요. 쌀뜨물을 붓고 강불에서 끓여 주세요.
4. 끓어오르면 중약불로 바꿔 15분간 끓여 불을 끄세요. 10분간 뜸들인 뒤 먹어요.

바삭하고 고소한 건새우는 멸치볶음과는 또 다른 매력이 있는 밥반찬입니다. 아몬드 슬라이스까지 곁들여 주섬주섬 주워 먹기 좋은 밑반찬이 되었네요.

건새우볶음

겨울 2주

재료
- 건새우 60g
- 아몬드(슬라이스) 40g
- 포도씨유 2큰술

양념
- 스위트칠리소스 2큰술
- 간장·물·올리고당 1큰술씩
- 다진 마늘·고추장 1작은술씩

알아두세요
- 바싹 마른 건새우는 찬물에 살짝 불려서 요리해야 아이가 씹기 좋아요.
- 마른 재료이다 보니 기름을 많이 먹어요. 포도씨유를 충분히 두르고 볶아요.
- 아몬드는 꼭 마른 팬에 먼저 볶아야 고소함이 두 배가 되어요.

이렇게 만들어요

1. 볼에 올리고당을 제외한 양념 재료를 넣고 고루 섞어요.
2. 아몬드는 기름 두르지 않은 달군 프라이팬에 넣고 살짝 노릇하게 구워요.
3. 달군 프라이팬에 포도씨유를 두른 뒤 건새우을 넣어 살짝 볶은 뒤 아몬드를 넣어요.
4. ③에 양념을 넣고 볶은 후, 불을 끄고 올리고당을 넣고 버무려요.

겨울 2주

겨울 하면 떠오르는 것 중에 하나가 꽃게탕이죠. 무를 넣고 시원하게 끓인 꽃게탕만 있어도 밥 한 그릇 뚝딱이에요. 고춧가루를 넣지 않아도 콩나물이 칼칼한 맛을 더해줍니다.

꽃게탕

재료
- 꽃게 1마리(200g)
- 멸치육수 3컵
- 무 100g
- 애호박 50g
- 콩나물 35g
- 된장·다진 마늘 2작은술씩
- 소금 1/4작은술

 이렇게 만들어요

1. 꽃게는 솔로 구석구석 잘 닦아 물로 씻은 뒤 등딱지를 떼어 가위로 반 잘라 주세요.
2. 무는 0.5cm 두께로 나박 썰고, 애호박은 은행잎 모양으로 썰어 주세요. 콩나물은 씻어 물기를 제거하세요.
3. 냄비에 멸치육수를 담고 무를 넣어 강불에서 끓여요.
4. 멸치육수가 끓으면 애호박과 꽃게를 넣고 된장과 다진 마늘을 풀어 넣고 끓여요.
5. 바글바글 끓으면 콩나물을 넣고 한소끔 끓인 후 소금으로 간하세요.

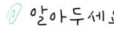 알아두세요
- 꽃게의 발은 살도 없고 뾰족해요. 손질할 때 가위로 잘라야 아이가 먹기 편합니다.

겨울 2주

낙지보다 식감이 부드러운 주꾸미는 돼지고기랑도 잘 어울려요. 주꾸미나 낙지로 볶음을 하면 물이 많이 나오죠? 이럴 때는 살짝 데쳐서 준비하세요. 물기 없이 맛있는 요리를 할 수 있어요.

주꾸미제육볶음

재료	• 주꾸미 6마리(220g) • 돼지고기(목살) 170g • 포도씨유 2큰술	• 소금 1작은술 • 밀가루 약간
고기 밑간	• 양파즙·청주 1큰술씩 • 소금 3꼬집	
양념	• 고추장·청주·설탕 1큰술씩 • 진간장·매실액 2작은술씩 • 후춧가루 약간	• 고춧가루·국간장 　·다진 마늘 1작은술씩

이렇게 만들어요

1 목살은 불고기감으로 준비해 2cm 폭으로 썰어 분량의 밑간 재료를 넣고 조물조물해 30분간 재워요.

2 주꾸미는 머리에 가위집을 넣어 내장을 제거한 뒤 밀가루를 묻혀 빨판의 이물질을 제거하세요.

3 끓는 물에 주꾸미와 소금을 넣고 살짝 데친 뒤 키친타월로 물기를 닦아요.

4 볼에 목살과 주꾸미, 분량의 양념 재료를 넣고 주물러 비닐팩에 담은 후 하루 정도 재워요.

5 달군 프라이팬에 포도씨유를 두르고 ④를 넣고 볶아 주세요.

알아두세요

• 양파, 피망 등을 넣을 때는 미리 채소와 소금을 약간 뿌려 볶은 뒤 주꾸미와 목살을 넣어 볶아요.

• 양념에 하루 정도 재워야 가장 맛있어요. 급할 때는 30분이라도 꼭 냉장고에 숙성시키세요.

겨울 2주

달걀말이는 아이들이 참 좋아하는 메뉴 중 하나이지요. 저는 아이가 잘 먹지 않는 채소 등을 넣어 달걀말이를 하곤 해요. 오늘은 쑥갓을 넣어 향긋하게 만들었습니다. 은근 쉬운 듯하지만 어려운 달걀말이 만드는 법을 알려 드릴게요.

쑥갓달걀말이

재료
- 달걀 4개(200g)
- 쑥갓(잎)·양파 25g씩
- 우유 1큰술
- 소금 1/4작은술
- 포도씨유 적당량

이렇게 만들어요

1. 쑥갓은 단단한 줄기는 제외하고 잎만 따서 씻은 뒤 곱게 다져요. 양파도 곱게 다져 주세요.
2. 볼에 달걀을 풀고 쑥갓과 양파, 우유, 소금을 넣고 섞어 주세요.
3. 약불에서 프라이팬을 달궈 포도씨유를 두른 뒤 키친타월로 닦아요. 팬에 꽉 차도록 달걀물을 얇게 붓고 익으면 돌돌 말아 주세요.
4. 돌돌 말고 남은 팬에 다시 포도씨유를 두르고 키친타월로 닦아 주세요.
5. 다시 달걀물을 붓고 마는 과정을 반복하면서 약불에서 구워요. 먹기 좋은 크기로 썰어요.

알아두세요
- 달걀물을 체에 한 번 거르면 부드러운 달걀말이가 완성돼요.
- 채소는 잘게 다져야 달걀을 말 때 수월합니다.
- 달군 팬에 달걀물을 얇게 깔아 줄수록 부드러워요.

겨울 3주

찹쌀밥 + 동태국 + 우엉오이샐러드 + 낙지미역초무침 + 소고기두부섭산적

위를 편하게 해주고 소화가 잘 되는 부드러운 찹쌀밥이에요.
입이 깔끄러울 때 촉촉한 찹쌀밥으로 입맛을 찾아 주세요.

찹쌀밥

겨울
3주

재료

- 찹쌀 25g
- 쌀 1컵(180g)
- 쌀뜨물 270㎖

알아두세요

- 쫀득하고 차진 밥을 짓고 싶다면 찹쌀의 양을 늘려 보세요.

이렇게 만들어요

1 찹쌀은 반나절 혹은 하루 정도 불려 주세요.

2 쌀은 물에 3번 씻은 후 쌀이 잠기도록 물을 넉넉히 붓고 30분간 불려요.

3 불린 쌀은 체에 밭쳐요. 냄비에 쌀과 불린 찹쌀을 담고 쌀뜨물을 부어 강불에서 끓여요.

4 쌀이 끓어오르면 중약불로 바꿔 15분간 끓여 주세요. 불을 끄고 10분간 뜸들여요.

싱싱한 생태로 끓인 국도 좋지만 동태국도 생태 못지않게 맛있어요. 살이 좀 단단하여 쫄깃한 맛이 나기도 합니다.
제철 무를 넣고 시원하게 끓이면 한 끼 거뜬하게 해결되지요.

동태국

겨울 3주

재료

- 동태 400g
- 무 170g
- 팽이버섯 60g
- 애호박 40g
- 파 20g
- 멸치육수 4컵
- 어간장·국간장
 ·다진 마늘 1큰술씩
- 생강술 2작은술
- 고춧가루 1작은술

동태 밑간

- 청주 1큰술
- 소금 1/4작은술

알아두세요

- 동태는 밑간을 하면 살이 단단해져 끓였을 때 살이 풀어지지 않아 국물이 깔끔해요.
- 동태국은 바로 먹는 것보다 몇 시간 후에 데워 먹으면 국물이 진하고 맛있어요.

이렇게 만들어요

1. 동태는 씻은 뒤 물기를 제거하고 밑간 재료를 뿌려 잠시 두세요.

2. 무는 0.5㎝ 두께로 나박 썰고 팽이버섯은 씻어요. 애호박은 0.5㎝ 두께의 은행잎 모양으로 썰고 파는 어슷 썰어요.

3. 냄비에 멸치육수를 붓고 무를 넣고 끓여요. 끓어오르면 어간장, 국간장을 넣고 무가 투명해질 때까지 끓여요. 밑간한 동태를 넣고 생강술을 뿌린 뒤 반쯤 익으면 고춧가루를 넣어요.

4. 애호박과 다진 마늘을 넣은 뒤 뚜껑을 덮고 약불에서 5분간 끓이세요. 파와 팽이버섯을 넣고 불을 끄세요.

대표적인 뿌리채소 우엉은 깨와 참 궁합이 좋습니다. 아이가 먹을 거라 검정깨에 마요네즈와 아가베시럽을
넣어 달콤하게 만들었어요. 오이와 크래미를 넣어 다양한 식감을 맛볼 수 있게 신경 썼습니다.

우엉오이샐러드

겨울 3주

재료

- 우엉 135g
- 오이 100g
- 크래미 60g
- 식초 1작은술
- 소금 1/4작은술

소스

- 마요네즈 4큰술
- 검정깨·아가베시럽
  식초 1큰술씩

이렇게 만들어요

1. 우엉은 칼등으로 껍질을 벗기고 5cm 길이로 채 썰어 찬물에 담가요.
2. 끓는 물에 식초와 우엉을 넣고 10분간 데친 뒤 찬물로 씻어 물기를 제거하세요.
3. 오이는 씻어 씨 부분을 제외하고 돌려 깎아 곱게 채 썰어요. 소금을 뿌려 절인 뒤 물기를 꼭 짜요. 크래미는 손으로 쪽쪽 찢어요.
4. 분량의 소스 재료를 넣고 믹서에 곱게 갈아요. 볼에 우엉, 오이, 크래미를 담고 소스를 넣어 버무려요.

미끈한 미역을 싫어하는 아이가 종종 있어요. 이럴 때는 좋아하는 해물을 같이 섞어 요리해 보세요. 저처럼 낙지를 넣거나 오징어도 상관없어요. 칼슘이 풍부한 미역과 낙지를 새콤달콤하게 무쳐 바다의 맛을 재현했어요.

낙지미역초무침

겨울 3주

재료

- 낙지 2마리(230g)
- 파프리카(노란색) 35g
- 마른 미역 10g
- 청주 1큰술
- 밀가루 적당량

양념
- 식초·레몬즙 1큰술씩
- 설탕·참기름 1작은술씩
- 마늘 1톨

이렇게 만들어요

1 미역은 찬물에 불린 뒤 물기를 꼭 짜요. 파프리카는 씨와 속살을 제거하고 곱게 채 썰어요.

2 낙지는 밀가루를 묻혀 빨판의 이물질을 제거하고 씻어요. 끓는 물에 낙지를 넣고 데친 뒤 먹기 좋게 썰어요.

3 마늘은 강판에 갈아 즙만 거른 뒤 참기름을 제외한 양념 재료를 넣고 섞으세요.

4 볼에 미역과 낙지, 파프리카를 담고 ③의 양념을 넣고 조물조물한 뒤 참기름을 넣고 버무려요.

겨울 3주

섭산적은 양념한 다짐육을 곱게 치대 모양을 잡아 석쇠에 굽는 전통음식인데요. 집에서 석쇠를 사용하는 게 번거로워 프라이팬에 촉촉하게 구웠어요. 반죽할 때 두부를 넣어 식감을 부드럽게 만들었어요.

소고기두부섭산적

재료	· 소고기(다짐육) 200g	· 포도씨유 2큰술
	· 두부 100g	· 잣 약간
양념	· 다진 파 1큰술	· 소금 1/4작은술
	· 간장·설탕·참기름 2작은술씩	· 후춧가루 약간
	· 청주·다진 마늘 1작은술씩	

이렇게 만들어요

1. 소고기는 키친타월로 눌러 핏물을 제거하세요. 두부는 면포에 넣고 꼭 짜 물기를 제거해요.

2. 볼에 소고기와 두부를 넣고 분량의 양념 재료를 넣고 치대 주세요.

3. 반죽이 끈기가 생기면 30g씩 떼어 동그랗게 모양을 만든 뒤 칼등으로 톡톡 두들겨요.

4. 달군 프라이팬에 포도씨유를 두른 뒤 ③을 올려요. 강불에서 앞뒤로 살짝 구운 뒤 약불로 낮춰 속까지 익혀요. 그릇에 담고 곱게 다진 잣을 뿌려 주세요.

알아두세요

· 소고기에 간을 했기 때문에 쉽게 타요. 강불에서 앞뒤로 살짝 구운 뒤 약불로 낮춰 뚜껑을 덮고 속까지 익혀 주세요.
· 잣은 키친타월에 올린 뒤 다져야 도마에 기름이 배는 걸 방지할 수 있어요.

끼니마다 골고루 영양 잡힌 식단을 짜고 싶지만 쉽지는 않아요. 특히 자투리 채소가 많이 남은 날은 그냥 밥을 볶아 한 끼 때우기 일쑤죠. 밥을 볶을 때도 이색 재료 한두 가지만 넣으면 신경 쓴 티도 나고 특별해집니다. 김치볶음밥에 날치알을 넣어 색다르게 요리하고 제철 단호박과 콜라비로 휘리릭 반찬을 만들었어요.

날치알볶음밥 + 진미오징어고추장볶음 + 단호박간장조림 + 콜라비키위샐러드

겨울
4주

겨울 4주

날치알의 톡톡 튀는 식감 때문인지 저희 아이들은 날치알밥을 참 좋아해요. 냉동 날치알은 구입한 뒤 살짝 해동해 레몬즙을 뿌려두면 살균도 되고 비린내도 없어진답니다. 신김치를 넣고 맛있게 볶아 엄마와 아이가 같이 나눠 드세요.

날치알볶음밥

재료
- 밥 250g
- 김치 80g
- 날치알·애호박·양파 30g씩
- 당근·버터 20g씩
- 구운 김 1장

- 쪽파 약간
- 김치국물 2큰술
- 간장·매실액 1작은술씩
- 소금 1/4작은술

날치알 밑간
- 청주 1큰술
- 레몬즙 1작은술

이렇게 만들어요

1 날치알은 냉장고에서 해동하고 레몬즙과 청주를 넣어 밑간한 뒤 체에 밭쳐 물기를 제거해요.

2 김치는 속을 털고 물로 씻어 쫑쫑 썰어요. 애호박, 양파, 당근은 작게 깍둑 썰어요. 쪽파는 송송 썰어요.

3 달군 프라이팬에 버터 10g을 넣은 뒤 김치를 달달 볶아 한쪽으로 몰아두세요. 양파와 당근, 애호박을 넣고 소금을 뿌려 볶은 뒤 김치와 섞으세요.

4 따뜻한 밥과 남은 버터, 김치국물을 넣고 볶아 주세요.

5 밥이 잘 섞이면 날치알과 간장, 매실액을 넣은 뒤 불을 끄세요. 그릇에 알밥을 담고 구운 김을 부숴 얹은 뒤 쪽파를 뿌려요.

알아두세요
- 버터의 항긋함을 살리기 위해 참기름은 넣지 않았어요.
- 매실액은 살균을 위해 넣었지만 생략해도 괜찮아요.
- 쪽파는 밥이 뜨거울 때 섞으면 살짝 익어요.

겨울 4주

조미가 된 진미오징어는 그 자체로도 참 맛있어요. 아무래도 첨가물이 있다 보니 아이에게는 잘 먹이지 않게 되지요. 그렇다고 평생 안 먹고 살 수는 없어서 전처리를 한 뒤 맛있게 볶아봤습니다.

진미오징어고추장볶음

재료	• 진미오징어 150g	• 청주·포도씨유 1큰술씩
	• 아몬드(볶은 것) 30g	

양념
- 물 2큰술
- 토마토케첩·올리고당·청주 1큰술씩
- 고추장 2작은술
- 설탕·참기름 1작은술씩
- 간장 1/2작은술

 이렇게 만들어요

1. 끓는 물에 청주와 진미오징어를 넣고 살짝 데치세요. 채반에 받쳐 찬물에 헹군 뒤 물기를 완전히 제거하고 먹기 좋은 크기로 잘라요.
2. 달군 프라이팬에 포도씨유를 두르고 참기름을 제외한 분량의 양념 재료를 넣고 끓여 주세요.
3. 양념이 끓으면 진미오징어를 넣고 젓가락으로 섞으며 볶아요.
4. 불을 끄고 아몬드와 참기름을 넣고 버무려요.

알아두세요
- 진미오징어를 데치면 첨가물이 제거되고 오징어도 부드러워져요.
- 양념장은 미리 만들어 숙성시키면 더 맛있어요.

단호박은 변비가 있는 아이들에게 좋아요. 이유식 할 때부터 단호박 요리를 자주 해먹여서 아이도 익숙할 거예요. 이제 달콤하게 먹던 단호박도 짭조름하게 간한 찜으로 요리해 보세요.

단호박간장조림

겨울 4주

재료
- 단호박(씨 제거한 것) 155g
- 검정깨 1작은술

양념
- 멸치육수 1컵
- 청주·올리고당 2큰술씩
- 간장 1큰술

알아두세요
- 깔끔하게 단호박만 조렸지만 멸치나 쥐포 등 건어물을 넣어도 맛있어요.

이렇게 만들어요

1 단호박은 씻어 숟가락으로 씨를 제거한 뒤 사방 2cm 크기로 깍둑 썰어 주세요.

2 냄비에 분량의 양념 재료를 넣고 끓여요. 끓으면 단호박을 넣고 중약불에 졸여 주세요.

3 단호박이 거의 익으면 강불로 올려 바짝 졸인 뒤 불을 끄고 검정깨를 넣어 버무려요.

반찬 없을 때 냉장고 속 과일은 참 요긴하게 쓰여요. 오늘은 아삭한 사과와 무랑 식감은 비슷하지만 맛이 단 콜라비로 샐러드를 만들었어요. 신맛이 덜한 골드 키위를 갈아 만든 드레싱은 어떤 과일과도 잘 어울립니다.

콜라비키위샐러드

겨울 4주

재료

- 콜라비 100g
- 골드 키위 1개(85g)
- 사과 55g

드레싱
- 골드 키위 1개(85g)
- 플레인요구르트 2큰술
- 설탕 1작은술
- 레몬즙 1/2작은술

알아두세요
- 콜라비가 슴슴하면서도 단맛이 나므로 새콤달콤한 과일과 잘 어울려요.

이렇게 만들어요

1. 콜라비는 껍질을 벗기고 0.3cm 두께로 나박 썰어 주세요.
2. 골드 키위와 사과는 껍질을 벗기고 콜라비와 같은 크기로 썰어 주세요.
3. 믹서에 분량의 드레싱 재료를 넣고 갈아 주세요.
4. 그릇에 콜라비와 골드 키위, 사과를 담고 드레싱을 뿌려 완성하세요.

겨울 5주

감자어묵덮밥 + 마늘종간장조림 + 오이지무침 + 달래달걀찜

겨울 5주

영양 가득한 감자와 아이들이 좋아하는 어묵을 곁들여 덮밥을 만들었어요. 엄마와 아이가 함께 먹을 수 있는 넉넉한 양이랍니다. 데리야키 소스는 볶음우동할 때 활용해도 좋아요.

감자어묵덮밥

재료
- 밥 180g
- 감자 235g
- 어묵 50g
- 당근·양파 30g씩
- 물 150㎖
- 참기름 1작은술
- 소금 1/2작은술
- 전분물 1큰술(전분·물 1큰술씩)
- 포도씨유 적당량

소스
- 양파즙 3큰술
- 간장·청주 2큰술씩
- 물·설탕 1큰술씩
- 다진 마늘 1작은술

이렇게 만들어요

1. 당근은 은행잎 모양으로 썰고 어묵과 양파는 사방 1cm 크기로 깍둑 썰어요.

2. 감자는 사방 1cm 크기로 깍둑 썬 뒤 흐르는 물에 씻어 물기를 제거하세요. 체에 밭쳐 소금을 뿌려 두세요.

3. 달군 프라이팬에 포도씨유를 약간 두르고 감자를 넣어 약불에서 볶아요. 감자가 투명해지면 당근, 양파, 어묵을 넣고 볶은 뒤 그릇에 담아요.

4. 달군 팬에 분량의 소스 재료를 넣고 고루 저어요. 약불에서 1~2분간 졸인 뒤 물을 붓고 끓여요.

5. 끓어오르면 전분물을 넣고 저은 뒤 참기름을 넣어요. 따뜻한 밥 위에 부어 드세요.

알아두세요
- 끓는 물에 소금을 약간 넣고 감자를 삶은 뒤 볶으면 조리 시간을 단축할 수 있어요.
- 전분물은 약간 걸쭉하도록 농도를 봐가면서 추가하세요.

겨울 5주

짭조름하게 조린 마늘종은 밥이 술술 넘어가게 도와주지요. 면역기능을 높이는 데 효과적인 마늘종은 한 번 데친 뒤 간장에 조려야 간이 잘 배고 요리 시간도 단축된답니다.

마늘종간장조림

재료	· 마늘종 250g	· 통깨 2작은술
	· 들기름 1큰술	· 소금 1작은술
양념	· 물 1컵	· 올리고당 1큰술
	· 간장 2큰술	· 설탕 1작은술

 이렇게 만들어요

1 마늘종은 4~5cm 길이로 잘라 끓는 물에 소금을 넣고 데친 뒤 찬물에 헹궈요. 체에 밭쳐 물기를 제거하세요.

2 달군 프라이팬에 들기름을 두르고 데친 마늘종을 넣어 약불에서 2분간 볶아요.

3 ②에 물과 간장을 넣고 중불에서 조려요.

4 국물이 2~3큰술 정도 남았을 때 올리고당과 설탕을 넣고 섞은 뒤 강불에서 조려요. 불을 끄고 통깨를 뿌려 버무려요.

🌿 알아두세요

· 끓는 물에 마늘종을 넣은 뒤 물이 다시 끓어오르면 건지세요. 약 2~3분 정도예요.
· 들기름은 쉽게 타므로 마늘종을 넣고 약불에서 부드러워질 때까지 볶아 주세요.

새콤달콤한 오이지는 입맛 없을 때 무치거나 다소 느끼한 음식과 곁들이면 밥맛이 확 살아나요.
아이가 먹기 때문에 짠맛은 적당히 빼고 맛있게 양념해 주세요.

오이지무침

겨울 5주

재료
- 오이지 180g
- 통깨 1작은술

양념
- 식초 2작은술
- 고춧가루·꿀·설탕·참기름 1작은술씩

알아두세요
- 물에 담근 오이지는 중간중간 짠기가 빠졌는지 먹어보세요.
- 모든 양념을 한데 섞으면 물이 흥건해져요. 고춧가루부터 넣어 흡수시킨 뒤 양념을 하나하나 넣어가며 버무리세요.

이렇게 만들어요

1. 오이지는 모양대로 썰어 체에 받쳐 흐르는 물에 씻은 뒤 볼에 담아요. 찬물을 붓고 5~10분간 두어요.
2. 면포에 오이지를 넣고 물기를 꼭 짜 주세요.
3. 볼에 오이지를 담고 고춧가루를 넣어 조물조물해요. 양념을 순서대로 하나씩 넣어가며 섞은 뒤 마지막에 통깨를 넣고 버무려요.

봄이 다가오는 걸 느낄 수 있는 달래예요. 아이들을 위해 달래 머리는 칼등으로 두드려 부드럽게 만든 뒤 달걀찜을 만들었어요. 국물이 있는 달걀찜으로 부드러운 달걀 속에 쌉싸래한 향이 배어 이색적이에요.

달래달걀찜

겨울 5주

재료

- 달걀 2개(100g)
- 멸치육수 150㎖
- 달래 15g
- 우유 1큰술
- 들기름 1/2작은술
- 소금 1/4작은술

알아두세요

- 뚝배기에 들기름을 꼼꼼히 발라야 타지 않고 잘 익어요.

이렇게 만들어요

1. 볼에 달걀을 푼 뒤 멸치육수를 부어 주세요.
2. ①을 체에 걸러 알끈을 제거한 뒤 소금과 우유를 넣고 섞어요.
3. 달래는 씻어 머리 부분을 칼등으로 두드린 뒤 1cm 길이로 썰어요.
4. 뚝배기는 붓으로 들기름을 바른 뒤 ②를 넣고 뚜껑을 덮어 강불에서 끓여요.
5. 끓어오르면 숟가락으로 휘휘 저은 뒤 달래를 넣고 다시 젓고 불을 끄세요.

그동안 우리 아이들은 참 가리는 것도, 못 먹는 음식도 많은 까탈쟁이였어요. 이젠 조금씩 어른 입맛에 가깝도록 다양한 식재료를 경험하게 도와 주세요. 물컹하다고 꺼리던 조개로 국을 끓이고 아삭한 채소는 좋아하는 닭고기 등과 볶아 친숙해지도록 엄마의 센스를 발휘해보세요.

흰쌀밥 + 모시조개콩나물국 + 봄동닭다리살볶음 +
숙주오이잡채 + 목이버섯샐러드

겨울
6주

모시조개를 콩나물과 같이 국을 끓이면 국물이 참 뽀얗고 진하지요. 바쁜 아침에는 모시조개콩나물국이 딱이다 싶어요. 조개는 찬물에 넣고 끓여야 뽀얀 국물이 우러나와 깊은 맛을 냅니다.

모시조개콩나물국

겨울 6주

재료

- 모시조개 200g
- 콩나물 160g
- 물 3컵
- 다진 마늘·소금 1작은술씩

이렇게 만들어요

1 콩나물은 흐르는 물에 씻어 물기를 제거해요.
2 냄비에 해감한 모시조개와 물을 넣고 강불에서 끓여 주세요.
3 끓어오르면 콩나물을 넣고 뚜껑을 열고 5분간 끓여요.
4 다진 마늘과 소금을 넣은 뒤 콩나물이 익으면 불을 끄세요.

봄을 알린다는 채소 중의 하나인 봄동으로 입맛을 살려볼까 해요. 조금 매콤하게 양념한 닭다리살과 볶아 영양 만점 밥반찬을 만들었어요. 레시피대로 불 조절을 해야 타지 않고 물도 생기지 않는 볶음이 완성된답니다.

봄동닭다리살볶음

겨울 6주

재료

- 닭다리살 260g
- 봄동 130g
- 소금 1꼬집
- 포도씨유 적당량

고기 밑간
- 청주 1큰술
- 다진 마늘·매실액 1작은술씩
- 소금 1/2작은술

양념
- 설탕 1큰술
- 고추장 1/2큰술
- 고춧가루·간장 1작은술씩

이렇게 만들어요

1 닭다리살은 껍질을 벗기고 1.5cm 크기로 썰어 밑간 재료를 넣고 조물조물해 30분간 두세요. 닭다리살은 분량의 양념 재료를 넣고 버무려 냉장고에 1시간 숙성시켜요.

2 봄동은 씻어 물기를 제거한 뒤 세로로 반 잘라 먹기 좋게 썰어요.

3 달군 프라이팬에 포도씨유를 두르고 닭다리살을 중불에서 굽다가 겉면이 익으면 약불로 바꿔 구워요.

4 닭다리살이 거의 익으면 한쪽으로 몰고 봄동과 소금을 뿌려 강불에서 볶아요. 닭다리살과 봄동을 버무리듯 재빨리 볶아요.

아삭아삭한 식감의 채소 삼총사가 만났네요. 비타민 C 결정체라고 할 수 있는 숙주와 오이, 그리고 피망을 볶았어요. 불 조절만 잘하면 한정식집 부럽지 않은 맛과 식감을 낼 수 있답니다.

숙주오이잡채

재료

- 숙주 150g
- 오이 1개(150g)
- 피망(빨간색) 40g
- 소금 1꼬집
- 포도씨유 약간

오이 절이기
- 소금 1/4작은술

양념
- 간장 1큰술
- 설탕 2작은술
- 참기름 1작은술
- 연겨자 1/4작은술

알아두세요
- 소금에 절인 오이는 손으로 지그시 눌러 물기를 짜세요. 너무 세게 힘을 주면 부서져요.
- 숙주나 콩나물은 강불에서 볶아야 아삭아삭해요.

이렇게 만들어요

1. 오이는 껍질을 돌려 깎아 0.3cm 두께로 채 썰어요. 소금을 뿌려 잠시 두었다 짜요.
2. 숙주는 씻어 물기를 제거하고 피망은 씨를 제거한 뒤 0.3cm 두께로 채 썰어요. 볼에 분량의 양념 재료를 넣고 섞어요.
3. 달군 프라이팬에 포도씨유를 두르고 피망을 넣고 소금을 뿌려 살짝 볶아요.
4. ③에 절인 오이를 넣고 볶은 뒤 숙주를 넣어 강불에서 볶아요. 숙주의 숨이 살포시 죽으면 양념을 넣고 강불에서 휘리릭 볶아요.

목이버섯은 영양의 보고라고 불리죠. 생소할 수 있지만 오도독한 식감 때문에 아이들도 잘 먹어요. 부재료로 쓰이는 목이버섯을 볶아 씨겨자 드레싱에 버무렸더니 상큼해요. 튀김 요리의 사이드 메뉴로도 잘 어울립니다.

목이버섯샐러드

겨울 6주

재료

- 목이버섯 200g
- 포도씨유 1큰술

드레싱
- 간장 1큰술
- 식초 1/2큰술
- 다진 파·설탕 2작은술씩
- 씨겨자 1/2작은술

알아두세요
- 목이버섯은 따뜻한 물에 불리면 맛있는 성분이 다 빠져요. 꼭 찬물에 불려요.

이렇게 만들어요

1. 목이버섯은 씻은 뒤 찬물에 1시간 불려 물기를 꼭 짜요.
2. 볼에 분량의 드레싱 재료를 넣고 고루 섞어요.
3. 달군 팬에 포도씨유를 두르고 목이버섯을 중불에서 볶으세요.
4. 볼에 볶은 목이버섯과 드레싱을 넣고 버무려요.

겨울 7주

구운주먹밥 + 데리야키삼겹살구이 + 깍두기낙지볶음 + 슬라이스감자전

겨울 7주

냉장고 속 갖은 자투리 채소들을 넣고 쭉쭉 늘어나는 모차렐라치즈로 반죽해 구운 주먹밥이에요. 바쁜 아침밥으로도 좋고 나들이 갈 때 김밥 대신 만들어도 잘 어울립니다.

구운주먹밥

재료

- 밥 250g
- 모차렐라치즈 60g
- 새송이버섯·당근 30g씩
- 브로콜리 20g
- 간장 2작은술
- 설탕 1작은술
- 소금 1/4작은술
- 포도씨유 적당량
- 참기름 약간

 이렇게 만들어요

1. 새송이버섯과 당근은 작게 썰어요. 브로콜리는 끓는 물에 소금을 약간 넣고 데친 후 씻어 물기를 제거해 작게 썰어요.
2. 달군 프라이팬에 포도씨유를 두르고 새송이버섯과 당근을 넣고 소금을 뿌려 볶아요.
3. 볼에 밥과 볶은 새송이버섯, 당근, 브로콜리를 넣고 섞은 뒤 간장과 설탕을 넣어 고루 섞어요. 모차렐라치즈를 넣고 섞어요.
4. 손에 참기름을 묻히고 밥을 뭉쳐 동글납작하게 만든 뒤 랩에 싸 모양을 잡아 주세요. 마른 프라이팬을 달궈 중불에서 주먹밥을 앞뒤로 노릇하게 구워 주세요.

알아두세요
- 모차렐라치즈가 녹아야 하므로 중간에 뚜껑을 덮어 약불에서 구우면 좋아요.

겨울 7주

한국인이 가장 좋아하는 삼겹살. 그냥 구워도 맛있지만 아이들은 그 참맛을 아직 모르지요. 흔한 식재료이지만 좀 더 맛있게 요리하면 아이들도 좋아한답니다. 데리야키 소스로 구운 삼겹살, 오늘 한번 도전해 보세요.

데리야키삼겹살구이

재료
- 돼지고기(삼겹살) 350g
- 마늘 2톨
- 청주·포도씨유 1큰술씩
- 올리고당 1작은술

고기 밑간
- 생강술 1작은술
- 소금 1/4작은술
- 후춧가루 약간

소스
- 사과 45g
- 간장 2큰술
- 설탕·청주 1큰술씩
- 생강술 2작은술

이렇게 만들어요

1. 사과는 씨를 제거해 편 썰고 나머지 분량의 소스 재료를 넣고 섞은 뒤 냉장고에서 숙성시켜요.
2. 삼겹살은 키친타월에 눌러 핏물을 닦은 뒤 분량의 밑간 재료를 넣고 조물조물해 20분간 재워요.
3. 달군 프라이팬에 포도씨유를 두르고 편 썬 마늘을 넣고 약불에서 향을 낸 뒤 ①을 넣어 2~3분간 졸여요.
4. 다른 팬을 달궈 밑간한 삼겹살을 넣고 청주를 뿌려 구운 뒤 그릇에 담아 주세요.
5. ③의 사과와 마늘은 건지고 구워둔 삼겹살을 넣고 양념이 배일 때까지 졸인 후 올리고당을 넣어요.

알아두세요
- 데리야키 소스는 전날 만들어 하루 정도 숙성시키면 맛있어요. 급할 때는 30분간 숙성시켜요.
- 소스는 강불에서 졸이면 탄맛이 나므로 약불에 졸이듯 끓이세요.

아이들에게 조금은 매운 요리인 낙지볶음이에요. 깍두기는 씻어서 넣어야 짜지 않고 맛있어요.
쫄깃쫄깃하고 타우린이 풍부한 낙지를 매콤하게 볶아 밥반찬으로 만들어 보세요.

깍두기낙지볶음

겨울 7주

재료
- 파프리카깍두기 155g
- 낙지 120g
- 쪽파 20g
- 들기름·포도씨유 1작은술씩
- 밀가루 약간

양념
- 간장·설탕 2작은술씩
- 고춧가루·청주·다진 마늘 1작은술씩

알아두세요
- 양념은 미리 만들어 숙성시키면 고춧가루가 고루 섞여 맛이 좋아요.
- 낙지는 너무 살짝 데치면 물이 흥건해지고 오래 데치면 질겨지니 강불에서 30초만 데치세요.

이렇게 만들어요

1. 양념 재료는 섞어 냉장고에 1시간 둬요. 깍두기는 씻고 쪽파는 쫑쫑 썰어요.
2. 낙지는 머리에 가위집을 내 내장을 빼고 밀가루를 빨판에 묻혀 흐르는 물에 씻어요.
3. 손질한 낙지는 3cm 폭으로 썰어 끓는 물에 데친 후, 물기를 제거해요. ①의 양념 절반을 넣고 조물조물한 뒤 비닐팩에 넣어 30분간 냉장고에 두어요.
4. 달군 프라이팬에 들기름과 포도씨유를 두르고 깍두기를 볶다가 ③의 국물만 넣고 졸여요.
5. 낙지를 넣고 볶은 뒤 남은 양념장을 넣어 고루 볶은 뒤 쪽파를 넣어요.

쌀쌀해지면 따뜻하게 구운 전이 생각나요. 하지만 아이들은 부추전, 김치전 등을 도통 좋아하질 않아요. 그래서 감자전을 준비했어요. 얇게 채 썰어 바삭바삭하기 때문에 잘 먹어요. 포도씨유를 넉넉하게 두르고 구워야 맛있어요.

슬라이스감자전

겨울 7주

재료

- 감자 1개(200g)
- 양파 1/2개(40g)
- 깻잎 10장(15g)
- 전분 6큰술
- 소금 1/2작은술
- 포도씨유 적당량

알아두세요

- 감자를 얇게 썰수록 구웠을 때 바삭합니다.
- 뿌리채소는 처음부터 간해야 속까지 간이 잘 배어요.

이렇게 만들어요

1. 감자는 껍질을 벗기고 얇게 저미며 채 썬 뒤 물에 살짝 씻어요. 소금을 뿌려 잠시 두세요.
2. 양파도 얇게 채 썰고 깻잎은 씻어 물기를 제거한 뒤 돌돌 말아 채 썰어요.
3. 감자에 전분을 넣고 버무린 뒤 양파와 깻잎을 넣어 주세요.
4. 달군 프라이팬에 포도씨유를 두르고 ③을 올려 고루 편 뒤 앞뒤로 노릇하게 구워요.

매서운 동장군이 기승을 부릴 때는 따끈한 국물이 생각나지요. 아이들은 아직 뜨거운 국물을 먹으며 "아~ 시원하다"라고 할 정도는 아니지만 불고기나 생선조림 등은 자작하게 끓여 국물을 떠먹을 수 있도록 해줘요. 겨울철에는 되도록 뜨끈한 요리로 몸을 따뜻하게 해주는 게 좋아요.

흰쌀밥 + 낙지팽이버섯국 + 감자불고기 + 단배추된장무침 + 파프리카김치

겨울
8주

겨울 8주

겨울에 맛있는 낙지는 보통 콩나물을 넣고 국을 끓이곤 해요. 오늘은 팽이버섯을 넣어 깔끔하면서도 담백한 맛을 살려봤어요. 아이가 어리다면 낙지를 더 작게 썰어 주세요. 낙지는 마지막에 살짝 넣고 끓여야 살이 부드러워요.

낙지팽이버섯국

재료

- 낙지 1마리(230g)
- 팽이버섯 100g
- 멸치육수 3과 1/2컵
- 국간장 1큰술
- 어간장·다진 마늘 1작은술씩
- 밀가루 약간

이렇게 만들어요

1. 낙지는 머리에 가위집을 넣고 뒤집어 내장을 꺼내요. 가위로 눈과 입도 제거하세요.
2. 낙지는 밀가루를 뿌린 뒤 빨판을 손으로 훑어가며 이물질을 제거해요. 흐르는 물에 씻어 2cm 길이로 썰어요.
3. 팽이버섯은 씻어 밑동을 자르고 3등분해요.
4. 냄비에 멸치육수를 붓고 끓으면 낙지와 팽이버섯을 넣고 끓여요.
5. 다진 마늘과 어간장, 국간장을 넣고 한소끔 끓이세요.

알아두세요

- 낙지 다리의 빨판은 이물질이 껴 있어요. 밀가루를 뿌리면 가루가 달라붙어 손으로 훑어 내리면 이물질이 제거됩니다.

뜨끈한 국물이 있는 감자불고기입니다. 감자를 잘 익히는 것이 중요해요. 조림 뚜껑이 없을 때는 냄비와 크기가 비슷한 접시를 얹어서 끓여 주세요. 이때 가장자리에 젓가락이 들어갈 정도의 여유는 있어야 돼요.

감자불고기

겨울 8주

재료

- 감자 320g
- 소고기(불고기) 250g
- 양파 145g
- 당근 110g
- 멸치육수 350㎖
- 포도씨유 약간

고기 양념
- 간장·국간장 1큰술씩
- 설탕·다진 마늘 1작은술씩

이렇게 만들어요

1. 소고기는 먹기 좋게 썰어 분량의 양념 재료를 넣고 조물조물해 30분간 재워요.

2. 감자와 당근은 껍질을 벗기고 500원짜리 크기로 썰어 가장자리를 동그랗게 깎아요. 양파도 먹기 좋은 크기로 썰어요.

3. 바닥이 두꺼운 냄비에 포도씨유를 두르고 감자를 넣어 볶아요. 감자가 투명해지면 당근을 넣고 볶다가 양파와 멸치육수를 붓고 끓여요.

4. 국물이 끓으면 고기를 넣고 조림 뚜껑을 덮어 중약불에서 10분간 끓여요. 뚜껑을 빼고 강불에서 자작해질 때까지 끓여요.

단배추는 보드랍고 달콤한 겨울 채소이지요. 살짝 데쳐 국간장과 참기름에 무쳐도 고소하지만 된장과도 잘 어울려요.
넉넉하게 데치고, 남으면 냉동해두었다가 국을 끓여도 좋아요.

단배추된장무침

재료

- 단배추 300g
- 소금 1작은술

양념

- 된장 1/2큰술
- 다진 파 1큰술
- 다진 마늘·참기름 1작은술씩

이렇게 만들어요

1. 단배추는 흐르는 물에 씻어 물기를 턴 뒤 세로로 반 잘라요. 볼에 분량의 양념 재료를 넣고 섞어요.
2. 끓는 물에 단배추와 소금을 넣고 살짝 데쳐 주세요.
3. 데친 단배추는 찬물에 씻어 물기를 꼭 짜요.
4. 볼에 단배추와 양념을 넣어 조물조물 무쳐 주세요.

겨울 9주

기장밥 + 바지락미역국 + 미트볼조림 + 볶음김치오이무침 + 백김치

노란 좁쌀 같은 기장은 곡식 중에 가장 크기가 작아요. 하지만 작은 고추가 맵다는 말처럼 비타민 A와 B가 풍부하답니다. 밥 지을 때 조금씩 넣으면 노란색도 곱고 씹히는 맛도 참 좋아요.

기장밥

겨울 9주

재료

- 기장 25g
- 쌀 1컵(180g)
- 쌀뜨물 270㎖

알아두세요
- 불을 끄기 전에 강불로 높여 밥 안의 수분을 날려주면 밥이 고슬고슬해요.

이렇게 만들어요

1 쌀은 물로 3번 씻은 후 쌀이 잠기도록 물을 넉넉히 붓고 30분간 불리세요.
2 기장은 깨끗이 씻어 주세요.
3 불린 쌀은 체에 밭치고 쌀뜨물과 쌀, 기장을 함께 냄비에 넣은 뒤 강불에서 끓여 주세요.
4 쌀이 끓어오르면 중약불로 바꿔 15분간 끓여요. 불을 끄고 10분간 뜸들여요.

바지락은 가격이 저렴하면서도 국 끓일 때 넣으면 깊은 맛을 내주는 착한 재료예요. 물론 해감을 하는 번거로움도 있지만 시원한 국물 맛을 위해서라면 이 정도는 감수해야지요. 미역과 궁합이 좋아 바지락미역국을 자주 끓인답니다.

바지락미역국

겨울 9주

재료

- 바지락 200g
- 마른 미역 12g
- 멸치육수 3컵
- 다진 마늘 1큰술
- 국간장 3작은술
- 참기름 1작은술

알아두세요

- 물이 1ℓ일 때 굵은소금 30g을 넣고 녹인 후, 발이 달린 채반에 바지락을 담고 소금물이 담긴 볼에 넣으세요.
- 발이 달린 채반에 담으면 뻘이 나와서 아래로 가라앉기 때문에 바지락이 다시 뻘을 흡수하지 않는답니다.

이렇게 만들어요

1. 바지락은 옅은 소금물에 뚜껑을 덮고 반나절 두어 해감해요.
2. 마른 미역은 물에 불려 씻은 뒤 물기를 꼭 짜 주세요.
3. 냄비에 참기름을 두르고 불린 미역을 넣어 약불에서 달달 볶다가 끈적한 액이 나오면 멸치육수 2큰술과 국간장 1작은술을 넣어 30초~1분간 볶아요.
4. 남은 멸치육수를 붓고 바지락을 넣은 뒤 뚜껑을 덮고 끓여요.
5. 끓어오르면 남은 국간장을 넣고 끓인 뒤 모자란 간은 소금으로 하세요.

겨울 9주

씹히는 맛이 좋은 사태살로 미트볼을 만들었어요. 미트볼은 한꺼번에 많이 만들어 스파게티할 때 활용하면 좋겠죠. 둥글납작하게 반죽해 떡갈비처럼 먹어도 좋으니 아이가 먹기 좋은 크기로 빚어 주세요. 10g으로 반죽했을 때 28개가 완성됩니다.

미트볼조림

재료	· 소고기(사태 다짐육) 200g · 양파 45g · 애호박·당근 20g씩 · 빵가루 2큰술	· 파마산치즈가루 1큰술 · 소금 1꼬집 · 포도씨유 약간
고기 밑간	· 청주 1작은술 · 소금 1/4작은술	· 후춧가루 약간
소스	· 물·청주 2큰술씩 · 간장·토마토케첩·설탕 2작은술씩	

1

2

3

4

5

6

이렇게 만들어요

1. 소고기는 키친타월로 눌러 핏물을 제거한 뒤 분량의 밑간 재료를 넣고 조물조물한 후 잠시 두세요.

2. 양파, 애호박, 당근은 잘게 다져요. 달군 프라이팬에 포도씨유를 두르고 다진 채소를 넣은 뒤 소금을 넣고 볶아 그릇에 담아요.

3. 볼에 밑간한 소고기와 식힌 채소, 빵가루와 파마산치즈가루를 넣고 치대요.

4. 차지게 뭉쳐지면 10g씩 떼어 둥글게 만들어요. 달군 프라이팬에 포도씨유를 두르고 미트볼을 강불에서 굴려가며 굽다가 약불로 줄여 속까지 익혀요.

5. 다른 프라이팬에 분량의 소스 재료를 넣고 바르르 끓여요.

6. 끓어오르면 구운 미트볼을 넣고 조려 주세요.

알아두세요

· 빵가루는 반죽을 잘 뭉치게 해주고 수분을 흡수하므로 꼭 넣어요.

김치를 잘 먹는 아이는 참 예뻐요. 그렇지만 안타깝게도 모든 아이가 김치를 좋아하진 않지요. 볶음 김치에 새콤하게 절인 오이를 넣고 구운 김을 뿌리면 밥 한 그릇 뚝딱! 제발 그렇게 되길 바라요.

볶음김치오이무침

재료	• 신김치 150g • 오이 1/2개(85g) • 김 2장	• 설탕 1/2큰술 • 들기름·포도씨유·통깨 1작은술씩 • 굵은소금 약간
오이 절임물	• 식초 1큰술 • 설탕 1/2큰술	• 소금 1/4작은술

이렇게 만들어요

1. 오이는 굵은소금으로 겉면을 문지른 뒤 씻어요. 0.3cm 폭으로 썰어서 분량의 절임물 재료를 넣고 15분간 재워 물기를 짜요.

2. 김치는 속을 털고 먹기 좋게 쫑쫑 썰어요. 달군 프라이팬에 들기름과 포도씨유를 넣고 김치를 달달 볶아요. 고소한 냄새가 나면 설탕을 넣고 볶은 뒤 그릇에 덜어내요.

3. 마른 팬에 김을 구워 비닐팩에 넣고 작게 브숴요.

4. 볼에 오이, 김치, 구운 김을 넣고 고루 섞은 뒤 통깨를 솔솔 뿌려요.

알아두세요

• 신김치는 볶을수록 고소한 맛이 강해져요. 충분히 볶아 주세요.
• 오이는 얇게 썰면 볼품이 없으니 0.3cm 두께로 도톰하게 썰어요.
• 오이는 오래 절이면 너무 새콤하므로 10~15분이면 충분합니다.

가끔 아이 친구들을 초대해서 밥을 먹일 기회가 있으시죠? 이럴 때는 핑거푸드가 참 요긴해요. 어른들 모임처럼 정숙하게(?) 앉아서 아이들이 식사를 하는 것도 아니니까요…. 그래서 주먹밥이나 닭강정 등 1인분씩 컵에 담아 줄 수 있는 메뉴를 애용한답니다. 도시락 메뉴로도 좋은 이번 주 밥상 꼭 차려 보세요!

오징어밥전 + 닭강정 + 호두멸치조림 + 느타리버섯어묵볶음

겨울 10주

겨울 10주

밥 먹기 싫어하는 아이 붙들고 야단도 치고 쫓아다니며 뭐라도 입에 넣어주려고 애쓰는 우리 엄마들입니다. 가끔은 밥전처럼 그냥 아이가 쥐고 먹을 수 있는 메뉴가 어떨까요? 밥맛 없어하는 아이에게는 오징어밥전이 딱입니다.

오징어밥전

재료

- 밥 250g
- 오징어 100g
- 김치 60g
- 당근 30g
- 비타민 25g

- 달걀 2개
- 전분 1큰술
- 소금 1/2작은술
- 포도씨유 적당량

 이렇게 만들어요

1. 당근, 비타민, 씻은 김치는 곱게 다져 주세요.
2. 오징어는 내장을 제거하고 키친타월로 껍질을 벗겨 곱게 다져 주세요.
3. 볼에 따뜻한 밥과 오징어, 당근, 비타민, 김치를 담고 달걀과 소금을 넣어 섞은 뒤 전분을 넣고 고루 섞어요.
4. 달군 프라이팬에 포도씨유를 두르고 반죽을 숟가락으로 떠서 앞뒤로 노릇하게 구워요.

알아두세요
- 오징어는 아이에게 씹는 질감을 느끼게 해주고 싶어 칼로 다졌어요.
- 잘 익은 신김치를 넣으면 맛이 한층 업그레이드됩니다.
- 식은 밥은 꼭 데워서 다른 채소와 섞어야 구웠을 때 밥이 뭉치지 않아요.

겨울 10주

아이들 밥반찬으로도 좋지만 간식으로도 안성맞춤인 닭강정이에요. 닭다리살로 골라 더욱 쫄깃하답니다. 넉넉하게 만들어서 온 가족이 함께 즐기세요. 튀김은 온도만큼 넣는 양도 중요하므로 조금씩 넣어가며 바삭하게 튀겨주세요.

닭강정

재료

- 닭다리살 480g
- 아몬드(볶은 것) 40g
- 우유 2와 1/2컵
- 포도씨유 2컵

고기 밑간
- 양파즙 1과 1/2큰술
- 생강술 1큰술
- 간장·다진 마늘 1작은술씩
- 소금 1/4작은술

튀김옷
- 달걀 32g
- 전분 4큰술

소스
- 토마토케첩·물 2큰술씩
- 올리고당 1과 1/2큰술
- 설탕·청주 1큰술씩
- 고추장 1/2큰술
- 다진 마늘 2작은술
- 간장 1작은술

이렇게 만들어요

1. 닭다리살은 칼로 껍질과 지방을 제거하고 우유를 부어 30분간 재워 주세요.
2. 재운 닭다리살은 씻어 물기를 제거한 뒤 분량의 밑간 재료를 넣고 조물조물한 후 잠시 두세요.
3. 볼에 밑간한 닭다리살과 달걀을 넣고 섞은 뒤 전분을 넣어 버무려요.
4. 튀김 냄비에 포도씨유를 넣고 끓여요. 젓가락으로 튀김옷을 한 방울 넣고 바닥에 떨어졌다 다시 올라오면 반죽을 넣고 튀겨요. 160℃에 튀긴 뒤 180℃로 높여 더 튀겨 키친타월에 올려요.
5. 팬에 소스 재료를 넣고 끓으면 닭을 넣고 버무려요.
6. 다진 아몬드를 넣고 고루 섞어요.

알아두세요
- 첫 번째 160℃에서 튀길 때는 노릇하지 않게 애벌로 튀긴 뒤 튀김을 숟가락으로 탁탁 쳐 공기를 제거하세요.
- 두 번째 180℃로 튀길 때는 노릇한 색이 나고 공기방울이 파르르 끓어올랐다가 사그라질 때 건지세요. 이때 튀김 속 수분이 나와 공기가 생기는 거예요. 수분이 다 사라지면 바삭한 튀김이 됩니다.

아이 키우는 집의 단골 반찬 견과류는 무엇보다 잡내 없이 바삭하게 볶는 것이 중요하죠.
씹을수록 고소한 호두와 멸치는 각각 마른 팬에 먼저 볶은 뒤 맛있게 조렸어요. 밥 위에 고명처럼 얹어줘도 아이가 잘 먹어요.

호두멸치조림

겨울 10주

재료

- 호두 80g
- 잔멸치 70g
- 포도씨유 2큰술
- 참기름 1/2작은술

양념

- 물 1/2컵
- 올리고당 2큰술
- 간장·생강술 1큰술씩
- 설탕 1작은술

알아두세요

- 양념을 넣고 강불에서 조리면 간장이 타므로 반드시 중불에서 조려요.
- 볶은 멸치를 넣은 뒤 강불로 올려 휘리릭 윤기 나게 조리세요.

이렇게 만들어요

1. 끓는 물에 호두를 데친 뒤 체에 밭쳐 물기를 제거한 다음 마른 팬에 볶아 곱게 다져요.
2. 볼에 분량의 양념 재료를 넣고 고루 섞어 주세요.
3. 잔멸치는 체에 밭쳐 씻은 뒤 마른 프라이팬에 볶다가 포도씨유를 넣고 튀기듯 볶아 그릇에 담아요.
4. 달군 프라이팬에 양념을 부어 중불에서 반쯤 남을 때까지 조린 뒤, 호두를 넣고 버무려요. 조금 더 졸아들면 멸치를 넣고 강불에서 조려 참기름을 넣고 섞어요.

오늘은 다소 매콤한 버섯어묵볶음을 만들었어요. 매운 걸 못 먹으면 바깥 생활이 어려워지므로 조금씩 매운맛을 접하도록 신경 써 주세요. 쫄깃한 버섯과 어묵을 볶은 매일 반찬입니다.

느타리버섯어묵볶음

겨울 10주

재료

- 느타리버섯 280g
- 어묵 100g
- 포도씨유 2큰술
- 소금 1/4작은술

양념

- 고춧가루·간장·설탕·물 2작은술씩
- 아가베시럽·다진 마늘 1작은술씩

알아두세요

- 아이가 너무 어리면 고춧가루를 1작은술로 줄여 조리하세요.

이렇게 만들어요

1. 어묵은 끓는 물에 살짝 데쳐 물기를 제거한 뒤 채 썰어요.
2. 느타리버섯은 씻어 물기를 제거한 뒤 어묵과 같은 크기로 찢어요.
3. 달군 프라이팬에 포도씨유를 두르고 느타리버섯을 넣고 중불에서 소금을 뿌려 볶아요. 버섯에서 물이 나오면 강불로 올려 어묵을 넣으세요.
4. 미리 섞어둔 양념을 넣고 빠르게 버무린 뒤 불을 끄세요.

겨울 11주

명란깍두기볶음밥 + 어묵맑은국 + 북어보푸라기 + 문어미역줄기초무침

겨울 11주

고급 젓갈 명란은 명태의 알이랍니다. 단백질과 비타민 E가 풍부해 성장기 아이에게 좋아요. 흔한 김치볶음밥 대신 깍두기와 명란을 볶아 색다른 일품 요리를 완성했어요. 들기름으로 볶아 향도 그만입니다.

명란깍두기볶음밥

재료

- 따뜻한 밥 250g
- 파프리카깍두기(만드는 법 P. 114 참고) 60g
- 새송이버섯 30g
- 명란 25g
- 파 15g
- 달걀 1개
- 들기름 1큰술
- 포도씨유 적당량
- 소금 2꼬집

이렇게 만들어요

1. 명란은 소금물에 살살 흔들어 씻어 키친타월로 물기를 닦아줘요. 칼끝으로 껍질을 갈라 칼등으로 속만 긁어내요.

2. 파프리카깍두기와 새송이버섯은 사방 1cm 크기로 깍둑썰고 파는 쫑쫑 썰어 주세요.

3. 볼에 달걀을 풀고 소금 1꼬집을 넣어 섞어요. 달군 프라이팬에 포도씨유를 두른 뒤 달걀물을 붓고 젓가락으로 저어 스크램블드에그를 만들어 그릇에 덜어둬요.

4. 달군 프라이팬에 들기름을 두르고 파프리카깍두기를 넣고 볶다가 새송이버섯과 소금 1꼬집을 넣고 볶아요.

5. 따뜻한 밥을 넣고 섞은 뒤 명란과 파를 넣고 볶아요. 스크램블드에그를 넣고 섞은 뒤 불을 끄세요.

알아두세요
- 명란 자체가 짭조름하므로 깍두기는 짜거나 맵지 않은 파프리카깍두기로 준비하세요.

어묵은 하나만으로도 맛있게 국을 끓일 수 있는 고마운 식재료입니다. 보통 무나 감자를 넣고 어묵국을 끓이는데 오늘은 제철 마를 이용했어요. 생으로 먹으면 끈적끈적해 꺼려지지만 익히면 아삭아삭한 식감이 감자 같아 아이들도 잘 먹어요.

어묵마국

겨울 11주

재료

- 마 200g
- 어묵 100g
- 멸치육수 3과 1/2컵
- 파 15g
- 소금 1/4작은술

알아두세요

- 마의 점액질은 알레르기를 일으킬 수 있어요. 껍질을 벗길 때는 위생장갑을 끼세요.

이렇게 만들어요

1. 마는 씻어 껍질을 벗기고 0.5cm 두께로 썬 뒤 은행잎 모양으로 4등분하세요.
2. 어묵은 사방 2cm 크기로 썰고 파는 쫑쫑 썰어 주세요.
3. 냄비에 멸치육수를 넣고 끓으면 마와 어묵을 넣고 끓인 뒤 소금으로 간하세요. 파를 넣은 뒤 불을 끄세요.

명태를 덕장에서 얼렸다가 녹였다가를 반복하며 만든 게 황태예요. 명태가 서서히 건조가 되면서 단백질 양은 거의 2배로 증가한다고 해요. 고단백·저지방 식품으로 밥도둑 반찬을 만들었어요. 주먹밥 만들 때 후리카케로 활용해도 좋습니다.

북어보푸라기

겨울 11주

재료

- 황태채·아몬드(슬라이스) 50g씩
- 포도씨유·참기름 1큰술씩

양념
- 토마토케첩 2큰술
- 올리고당·청주 1큰술씩
- 간장·설탕 1작은술씩
- 고추장 1/2작은술

알아두세요

- 곱게 찢은 황태채를 구입해야 믹서에 갈기 쉬워요.
- 물을 뿌리지 않고 바로 양념장에 부으면 마른 황태가 양념을 그대로 흡수해 푸석푸석해져요. 꼭 물 스프레이를 하세요.

이렇게 만들어요

1. 황태채는 믹서에 넣고 곱게 갈아요. 황태에 물을 뿌려 부드럽게 불리세요.
2. 볼에 분량의 양념 재료를 넣고 미리 섞어 주세요.
3. 달군 프라이팬에 포도씨유를 두르고 양념을 넣고 끓여요. 바글바글 끓으면 간 황태를 넣고 섞어 주세요.
4. 아몬드를 넣고 섞으며 볶다가 촉촉해지면 참기름을 넣고 마무리하세요.

겨울 11주

가끔 아이들도 입맛이 없어 상큼한 것을 찾을 때가 있어요. 우리 아이들은 부드러우면서도 쫄깃한 식감 때문인지 문어를 좋아해요. 요즘 대형마트에서 쉽게 살 수 있는 자숙 문어를 미역줄기와 무쳐봤어요. 새콤달콤하고 시원해 입맛을 돋워주네요.

문어미역줄기초무침

재료	• 미역줄기(염장) 200g • 자숙 문어 100g	• 소금·통깨 1작은술씩
소스	• 식초 1큰술 • 매실액 1작은술	• 어간장·양파즙·참기름 1/2작은술씩

이렇게 만들어요

1. 미역줄기는 흐르는 물에 2~3번 씻어 소금을 턴 뒤 찬물에 담가 소금기를 빼 주세요. 끓는 물에 미역줄기와 소금을 넣고 초록빛이 돌도록 데쳐요. 찬물에 헹군 뒤 물기를 제거해 4cm 길이로 썰어요.
2. 볼에 분량의 소스 재료를 넣고 고루 섞어요.
3. 끓는 물에 자숙 문어를 넣고 재빨리 데친 뒤 먹기 좋은 크기로 썰어요.
4. 볼에 미역줄기와 자숙 문어를 담고 소스를 부어 조물조물 섞은 뒤 통깨를 뿌려요.

알아두세요

• 자숙 문어는 한 번 데친 거라 오래 삶으면 질겨져요. 끓는 물에 넣었다가 바로 빼세요.

전쟁 치르듯 이유식 먹일 때가 언제였던가 싶어요. 가족 외식도 잦아지면서 아이 입맛의 스펙트럼이 굉장히 넓어졌어요. 가끔은 집에서 외식하듯, 레스토랑의 향기가 그윽한 밥상을 특별 요리로 차려주기도 하죠. 실패할 일 없는 해물볶음우동과 영양 가득한 샐러드만 차리면 우리 집 레스토랑이 열립니다.

해물볶음우동 + 고구마대파볶음 + 치킨샐러드 + 오이생채

겨울 12주

겨울 12주

아이들은 참 국수를 좋아하죠. 그중에서 면이 통통한 우동은 보통 가쓰오부시 육수에 부어 주는데 볶아도 맛있어요. 향긋한 해물과 채소, 진한 소스가 어우러져 풍미가 대단하답니다. 아이 식성에 따라 해물과 채소 종류를 선택해 주세요.

해물볶음우동

재료
- 우동 1개(210g)
- 피홍합 7개(75g)
- 오징어·새우살 35g씩
- 양파·피망 30g씩
- 포도씨유 2큰술
- 다진 마늘 1작은술

해물 밑간
- 청주 1작은술
- 소금 2꼬집

- 후춧가루 약간

소스
- 토마토케첩 1큰술
- 청주·굴소스·설탕 1작은술씩

이렇게 만들어요

1. 피홍합은 수염을 제거하고 씻어요. 오징어는 껍질을 벗기고 폭 1cm, 길이 3cm로 썰고 새우살은 옅은 소금물에 흔들어 씻어요. 오징어와 새우살은 분량의 밑간 재료를 넣고 잠시 두세요.

2. 양파와 피망은 0.3cm 폭으로 채 썰어요. 볼에 분량의 소스 재료를 넣고 고루 섞어요.

3. 끓는 물에 우동을 1분간 삶은 뒤 찬물에 헹궈 체에 밭쳐요.

4. 달군 프라이팬에 포도씨유를 두르고 다진 마늘을 넣어 약불에서 향을 내요. 해물을 넣고 강불에서 볶아요.

5. 홍합이 반쯤 입을 열면 우동과 소스를 넣고 강불에서 빠르게 섞으면서 볶아요. 양파와 피망을 넣고 고루 섞으세요.

알아두세요
- 해물은 약불에서 볶으면 물이 흥건하게 나와요. 강불에서 빠르게 조리해야 육즙이 빠지지 않고 질겨지지 않아요.

겨울
12주

늦겨울 고구마가 풍년이지요. 매번 쪄먹기만 하는 고구마로 밥반찬을 만들었어요. 호박고구마를 파와 볶으면 파의 단맛이 더해져 색다르답니다. 양념을 넣고 오래 볶으면 짠맛만 강해지므로 휘리릭 볶는 게 포인트예요.

고구마대파볶음

재료
- 호박고구마 330g
- 파 100g
- 포도씨유 5큰술
- 소금 2꼬집

양념
- 간장 1과 1/2큰술
- 설탕 1/2큰술
- 참기름 1/작은술

이렇게 만들어요

1. 호박고구마는 껍질을 벗기고 0.5cm 폭으로 반달 모양으로 썬 뒤 흐르는 물에 씻어 물기를 제거하세요. 소금을 뿌려 밑간해요.
2. 파는 대 부분으로 준비해 0.7cm 폭으로 송송 썰어요.
3. 달군 프라이팬에 포도씨유 4큰술을 두른 뒤 고구마를 넣어 중불에서 튀기듯 볶아 그릇에 덜어둬요.
4. 달군 프라이팬에 포도씨유 1큰술을 두르고 파를 볶다가 고구마를 넣어 볶으세요. 분량의 양념을 넣고 슬쩍 버무리듯 볶아요.

알아두세요
- 양념을 넣고 오래 볶으면 짜지기만 하니 휘리릭 볶아 불을 끄세요.
- 고구마도 감자처럼 전분기가 있어서 물에 한 번 씻은 후, 소금 간을 한 뒤 볶아야 깔끔해요.

케이준치킨샐러드는 남녀노소 좋아하는 메뉴이지요. 닭고기는 튀기는 것도 좋지만 하루 정도 숙성해 구우면 담백하면서도 부드러워요. 구운 치킨과 어린잎에 레몬드레싱을 얹어 상큼한 샐러드를 만들었습니다.

치킨샐러드

겨울 12주

재료
- 닭고기(안심) 150g
- 어린잎 30g
- 우유 1컵

밑간
- 양파즙 2큰술
- 다진 마늘 1작은술

양념
- 꿀 2작은술
- 간장 1과 1/2작은술
- 청주 1작은술
- 바질가루 1/2작은술
- 굴소스 1/4작은술
- 소금 1꼬집

드레싱
- 올리브오일 2큰술
- 레몬즙 1큰술
- 아가베시럽 1/2큰술
- 소금 2꼬집
- 후춧가루 약간

알아두세요
- 안심은 하루 숙성시켜야 고기도 부드러워지고 간이 배어요.
- 뚜껑을 덮고 닭을 구우면 수분이 흡수되어 육질이 촉촉해져요.

이렇게 만들어요

1. 닭고기는 힘줄을 칼로 긁은 뒤 먹기 좋게 썰어 우유에 30분간 담가 주세요. 씻은 뒤 밑간 재료를 넣고 버무려 냉장고에서 하루 숙성시켜요. 닭고기는 분량의 양념 재료를 넣고 30분간 두세요.
2. 볼에 올리브오일을 제외한 드레싱 재료를 넣어 섞은 뒤 올리브오일을 넣고 섞으세요.
3. 달군 프라이팬에 포도씨유를 두르고 닭고기를 넣고 중약불에서 겉면을 익힌 후 약불로 바꿔 뚜껑을 덮어 속까지 익히세요. 뚜껑을 열고 바삭하게 구워요.
4. 그릇에 씻은 어린잎과 구운 치킨을 올린 뒤 드레싱을 뿌려요.

시원하고 아삭한 오이를 새콤하게 무친 오이생채예요. 소금에 절이지 않고 그대로 무쳐 반찬 없을 때 요긴하게 준비할 수 있어요. 한 그릇 요리에 잘 어울리는 사이드 메뉴입니다.

오이생채

겨울 12주

재료
- 오이 1개(190g)
- 통깨 1작은술
- 굵은소금 약간

양념
- 식초 1과 1/2큰술
- 설탕 1큰술
- 고춧가루 1작은술
- 어간장·참기름 1/2작은술씩

알아두세요
- 아이가 마늘 향을 싫어할 때는 식초에 다진 마늘을 담근 뒤 체에 걸러 사용하세요.

이렇게 만들어요

1. 오이는 굵은소금으로 껍질을 문질러 씻은 뒤 물로 헹궈 물기를 제거하세요.
2. 오이는 0.2cm 폭의 반달 모양으로 썰어 주세요.
3. 볼에 분량의 양념 재료를 넣고 섞은 다음 냉장고에 잠시 두세요.
4. 볼에 오이와 양념을 넣고 버무리세요.

겨울 13주

흰밥 + 새우두부카레국 + 달래딸기샐러드 + 유자소스불고기 + 파프리카깍두기

카레라이스는 많이 해드시죠? 멸치육수를 끓인 색다른 카레국에 새우와 감자를 넣어
담백하면서도 감칠맛을 살렸어요. 카레가루는 멸치육수를 덜어 푼 뒤 국에 넣어야 덩어리가 지지 않아요.

새우두부카레국

겨울 13주

재료

- 새우 10마리(185g)
- 감자·두부 110g씩
- 멸치육수 4컵
- 국간장 1큰술
- 카레가루 4작은술
- 다진 마늘 1작은술
- 소금 1/4작은술

이렇게 만들어요

1. 감자와 두부는 사방 1cm 크기로 깍둑 썰어요. 새우는 머리와 껍질을 제거하고 이쑤시개로 등을 찔러 내장을 제거한 뒤 씻어요.

2. 냄비에 멸치육수를 붓고 끓으면 감자를 넣어 주세요.

3. 감자가 반쯤 익었을 때 육수를 약간 덜어 카레가루와 섞은 뒤 국에 넣고 끓이세요.

4. 다시 끓어오르면 새우와 두부를 넣으세요. 국간장과 다진 마늘, 소금을 넣어 한소끔 끓인 뒤 불을 끄세요.

요즘은 딸기가 꼭 겨울 과일처럼 느껴져요. 한겨울에 오히려 맛난 딸기로 제철 샐러드를 만들었어요. 쌉싸래한 달래를 플레인요구르트와 함께 갈았더니 새콤달콤 맛있네요. 아이가 싫어하는 재료를 먹이려면 엄마의 센스가 필요하죠.

달래딸기샐러드

겨울 13주

재료

- 딸기 6개(150g)
- 양상추 60g
- 달래(줄기) 15g

드레싱
- 달래(머리) 15g
- 플레인요구르트 2큰술
- 아가베시럽 1큰술
- 식초 2작은술
- 간장 1작은술

이렇게 만들어요

1. 양상추는 먹기 좋은 크기로 뜯어 얼음물에 담가 씻은 뒤 물기를 제거하세요. 딸기는 씻어 꼭지를 떼고 4등분하세요.

2. 달래는 씻어 껍질을 뗀 뒤 머리와 줄기를 나누세요. 줄기는 4cm 길이로 썰어요.

3. 믹서에 분량의 드레싱 재료를 넣고 곱게 갈아요. 그릇에 양상추와 딸기, 달래 줄기를 담고 드레싱을 뿌려 주세요.

겨울
13주

국물 없이 바싹 구운 불고기입니다. 유자를 이용한 요리는 향이 좋아서 애용하는 편인데요. 불고기도 유자청을 넣어서 만들었더니 아이들이 잘 먹더라고요. 유자청을 넣을 때는 설탕의 양을 줄여야 달지 않아요.

유자소스불고기

재료	• 소고기(불고기감) 300g • 포도씨유 약간	
고기 밑간	• 유자청 1과 1/2큰술 • 양파즙 1큰술	
양념	• 간장 2큰술 • 다진 파 1큰술 • 설탕 2작은술	• 다진 마늘·참기름 1작은술씩 • 후춧가루 약간

이렇게 만들어요

1. 소고기는 키친타월로 눌러 핏물을 제거한 후 3cm 폭으로 썰어 주세요.
2. 볼에 소고기를 담고 분량의 밑간 재료를 넣어 조물조물 한 뒤 30분간 재우세요.
3. 볼에 분량의 양념 재료를 넣고 고루 섞으세요.
4. 재운 소고기에 양념을 넣고 버무려요.
5. 달군 프라이팬에 포도씨유를 두르고 강불에서 소고기를 볶은 뒤 약불로 낮춰 속까지 익히세요. 육즙이 나오면 다시 강불로 올려 국물없이 바싹 구워요.

알아두세요
- 불고기를 바싹 굽느라 채소를 곁들이지 않았어요. 채소를 넣을 때는 따로 볶은 뒤 넣어야 해요.
- 불 조절을 잘 해주셔야 맛있는 바싹 불고기가 됩니다.

나가며

하루 일과가 끝나고 아이들을 재우고 나서의 새벽 공기는 참 차분합니다. 문득문득 제가 지금껏 살아온 과정을 뒤돌아보면 참 신기하기도 하고 대견하기도 하답니다. 지지리도 먹지 않아 살이 찌지 않던 아들 인우 때문에 아이 음식을 블로그에 포스팅하면서 많은 분들의 사랑을 받게 되었어요.

그 당시에는 정말 잘 먹이고 싶었고, 하나의 숙제처럼 아이 음식을 만들고 포스팅하고, 밥상을 차리고 포스팅하기를 반복하며 아이 식성을 잡아갔습니다. 그렇게 꾸준히 포스팅을 하지 않았다면 오늘의 저는 없었을 거예요. 어느 순간에는 아이 밥 차리는 게 귀찮아지고 힘들어졌을 테니까요. 여러 이웃님들의 격려와 칭찬 덕분에 아이 밥상 포스팅을 쭉 이어가게 되었고, 제가 이 자리에 있다고 생각해요.

첫 책 《꼭 먹여야 할 12~36개월 밥상》을 쓰고 독자 분들께 많은 사랑을 받고 또 두 번째 책 출간을 앞두고 있는 이 시점에서 '내가 과연 여러 사람들에게 어떤 도움을 줄 수 있을까?', '과연 도움을 줄 수는 있을까' 하는 생각을 새벽에 하곤 합니다.

아직도 저는 많이 부족하지만 생각보다 아이 음식에 관해 도움을 필요로 하는 엄마들이 많다는 걸 알기에 이렇게 또 한 권의 책을 쓰고 있네요.

늘 우리 주부들의 최대 걱정은 밥이죠.
그리고 엄마들의 최대 걱정은 아이 밥이죠.

매일 차리는 밥이 가끔은 버겁게 다가오는 것처럼 아이 역시 매 끼니마다 식성에 딱 맞는 반찬만 먹을 수는 없겠죠. 그래서 엄마는 끊임없이 아이 입맛에 맞는 새로운 식재료와 레시피, 조리법 등을 실험하고 아이는 아이 나름대로 맛있는 걸 찾아내며 먹는 즐거움을 느끼면서 서로 성장하고 있는 것 같아요. 제 미천한 손맛으로 여러분들의 가정에 평화가 찾아오길 바라봅니다.

항상 제가 하는 일이면 무엇이든 OK인 신랑님과 내 강아지들 아들 인우, 딸 윤서! 한없이 아낌없이 사랑해요. 늘 조용히 저를 믿어 주시는 어머님과 항상 곁에서 힘과 용기를 주시는 친정 부모님께 감사드려요.

또한 책 진행하면서 늘 즐거움을 선사해준 이미종 에디터님과 멋진 사진을 위해 높은 사다리에 올라가서 애쓰셨던 박영하 실장님, 많은 그릇을 가녀린 몸으로 옮기며 멋진 스타일링 해주신 최근희 푸드스타일리스트님. 진심으로 즐겁게 촬영했어요. 또한 촬영 내내 애써준 미경이에게도 고맙다는 말 전해요~.

마지막으로 늘 제 블로그 방문해주셔서 뿅뿅 희망을 불어넣어주시는 우리 이웃님들께 정말 감사드립니다. 고맙습니다.

INDEX

밥

검정콩밥 · 360
고구마밥 · 246
구운주먹밥 · 400
기장밥 · 414
깻잎참치쌈밥 · 228
녹두밥 · 318
바지락살당근밥 · 32
밤밥 · 308
밤콩밥 · 130
보리쌀밥 · 110
봄나물밥 · 76
완두콩밥 · 162
율무쌀밥 · 198
주꾸미달래밥 · 118
차조밥 · 50
찹쌀밥 · 370
채소카레밥 · 236
취나물멸치주먹밥 · 102
콩나물무밥 · 264
현미밥 · 220
흑미밥 · 42

김치

백김치 · 86
파프리카김치 · 122
파프리카깍두기 · 114

샐러드

관자파인애플샐러드 · 312
콜리플라워마요샐러드 · 330
달래딸기샐러드 · 447
당근배참치샐러드 · 240
두부버섯샐러드 · 233
메추리알코브샐러드 · 193
목살양상추샐러드 · 96
목이버섯샐러드 · 397
사과닭고기샐러드 · 282
샤부샤부과일냉채 · 163
수박고구마샐러드 · 216
연어오렌지샐러드 · 53
오이단호박샐러드 · 64
오이달걀샐러드 · 305
오이크래미샐러드 · 208
우엉오이샐러드 · 372
유자드레싱과일샐러드 · 260
치킨샐러드 · 442
콜라비키위샐러드 · 383
토마토마리네이드 · 158
파인애플망고샐러드 · 221

국·찌개·탕

가지냉국 · 222
감자양파국 · 206
건새우콩나물국 · 52
굴두부국 · 43
근대소고기국 · 192
김치참치찌개 · 166
김치황태달걀국 · 34
꽃게탕 · 362
낙지팽이버섯국 · 408
냉이소고기국 · 120

단배추버섯달걀국 · 296
두부황태국 · 352
동태국 · 371
돼지고기비지찌개 · 334
모시조개콩나물국 · 394
바지락미역국 · 415
봄동모시조개국 · 94
새우두부카레국 · 446
새우순두부국 · 154
소고기무국 · 170
쑥꽁치김치찌개 · 84
아욱건새우된장국 · 238
애호박새우국 · 248
어묵김치국 · 342
어묵마국 · 432
얼큰소고기무국 · 288
오이냉국 · 232
오이지냉국 · 148
오징어국 · 131
주꾸미무국 · 60
취나물된장국 · 111
콩나물냉국 · 199
해물순두부국 · 272
홍합감자국 · 310

반찬

가지찜무침 · 167
감자곤약조림 · 269
감자당근볶음 · 284
건새우볶음 · 361
고구마대파볶음 · 440
고추참치버무리 · 252
깍두기낙지볶음 · 404
깻잎멸치찜 · 194
꼬막무침 · 107
꼬막표고버섯간장조림 · 314
낙지미역초무침 · 373
냉이사과된장무침 · 46
느타리버섯어묵볶음 · 427
단배추된장무침 · 411
단호박간장조림 · 382
단호박햄볶음 · 339
달래달걀찜 · 391
돼지고기완자구이 · 274
들깨버섯볶음 · 72
마늘종간장조림 · 388
마늘종감자새우볶음 · 136
마늘종멸치고추장볶음 · 224
마늘종햄파프리카볶음 · 142
매운감자조림 · 183
매콤뱅어포구이 · 98
명란애호박달걀찜 · 174
무두부조림 · 346
무말랭이멸치조림 · 297

무생채 · 276
문어미역줄기초무침 · 434
물오징어조림 · 241
미역줄기볶음 · 309
미역줄기초무침 · 143
바지락볶음 · 292
바지락살시금치무침 · 127
배추새우볶음 · 277
버섯무들깨볶음 · 299
볶음김치오이무침 · 418
봄동닭다리살볶음 · 395
북어보푸라기 · 433
브로콜리조갯살무침 · 223
사태메추리알장조림 · 150
새송이버섯달걀볶음 · 126
새우고구마카레찜 · 106
새우시금치볶음 · 39
소고기애호박볶음 · 298
소시지배추찜 · 155
숙주단무지무침 · 182
숙주버섯볶음 · 253
숙주오이잡채 · 396
쑥갓달걀말이 · 366
양배추굴소스볶음 · 112
어묵곤약조림 · 195
어묵콩나물냉채 · 134
연근조림 · 331
연어숙주무침 · 189
연어시금치무침 · 328
오이생채 · 443
오이소고기버섯볶음 · 323
오이지무침 · 390

오이참외생채 · 149
오징어채소볶음 · 54
오징어파프리카볶음 · 343
우엉조림 · 338
유채나물무침 · 91
잣소스닭가슴살무침 · 354
전복어묵볶음 · 172
전복초 · 203
쥐포채볶음 · 113
진미마요간장볶음 · 202
진미오징어고추장볶음 · 380
청포묵무침 · 47
콜라비피클 · 73
콩나물무침 · 239
토마토베이컨달걀볶음 · 207
톳두부조림 · 78
파래무생채 · 38
호두김조림 · 132
호두멸치조림 · 426
황태고추장조림 · 217

꼬마돈가스 · 44
닭강정 · 424
데리야키삼겹살구이 · 402
된장주물럭 · 210
미트볼조림 · 416
봄나물고로케 · 104
삼치단호박조림 · 319
삼치씨겨자마요구이 · 156
새우가스 · 164
생선탕수 · 290
소고기두부섭산적 · 374
소시지만두전골 · 266
양파닭구이 · 62
어묵치킨볼 · 336
우엉어묵잡채 · 80
우엉피망잡채 · 265
유자소스불고기 · 448
주꾸미제육볶음 · 364
칠리새우구이 · 356
칠리소스닭꼬치 · 230
파소스고등어강정 · 250
홍합치즈구이 · 322

닭곰탕 · 140
닭다리살콩나물비빔면 · 68
마파두부덮밥 · 302
만두볶음밥 · 326
명란깍두기볶음밥 · 430
비엔나채소덮밥 · 280
비트수제비 · 186
스테이크크림파스타 · 256
오징어밥전 · 422
전복죽 · 178
캐슈넛국수 · 214
해물볶음우동 · 438

전

고구마브로콜리전 · 171
고사리두부전 · 95
굴카레전 · 268
도라지어묵전 · 56
미나리햄전 · 90
슬라이스감자전 · 405
애호박소고기전 · 304
양배추고추장떡 · 36
연근돼지고기전 · 70
옥수수전 · 188
참치브로콜리전 · 61
홍합부추전 · 357

일품 요리

간장치킨윙 · 344
갈릭러스크 · 261
갈치무조림 · 200
갈치카레구이 · 180
감자불고기 · 410
김치떡잡채 · 151

한 그릇 요리

감자어묵덮밥 · 386
날치알볶음밥 · 378
단호박토르티야 · 258
닭개장 · 320

4~7세 아이가 반한 엄마 밥상

초판 1쇄 2014년 6월 17일
　　7쇄 2017년 3월 6일

지은이　　|　정현미

발행인　　|　이상언
제작총괄　|　이정아
디자인　　|　김아름

사진　　　|　박영하(010-4177-9261)
스타일링　|　최근희(010-8288-8735)
제품 협찬　|　에델바움(www.mugenmall.com), 와우웰리스(www.wowweles.co.kr)
　　　　　　하울스홈(www.haulshome.com), 윤현상재(www.younhyun.com)
교열　　　|　전경서
출력·인쇄　|　성전기획

발행처　　|　중앙일보플러스(주)
주소　　　|　(04517) 서울시 중구 통일로 92 에이스타워 4층
등록　　　|　2008년 1월 25일 제2014-000178호
판매　　　|　1588-0950
제작　　　|　(02) 6416-3934
홈페이지　|　www.joongangbooks.co.kr
페이스북　|　www.facebook.com/hellojbooks

ⓒ 정현미, 2014
ISBN 978-89-278-0556-4 13590

값 17,000원

- 이 책은 저작권법에 따라 보호받는 저작물이므로 무단 전재와 무단 복제를 금하며 책 내용의 전부 또는 일부를 이용하려면 반드시 저작권자와 중앙일보플러스(주)의 서면 동의를 받아야 합니다.
- 책값은 뒤표지에 있습니다.
- 잘못된 책은 구입처에서 바꿔 드립니다.

중앙북스는 중앙일보플러스(주)의 단행본 출판 브랜드입니다.